PLACE BRANDING

"地域"から"場所"のブランディングへ

電通abic project編
若林宏保
徳山美津恵
長尾雅信 著

有斐閣

PLACE BRAND ING

まえがき

プレイスという新しい視点を

私たちは、10年にわたって地域の課題と向き合ってきた。いろいろな地域を訪れ、人々と出会い、さまざまな仕事に巡り合えた。うまくいった仕事もある一方で、うまくいかなかった仕事もある。どういうときにうまくいき、どういうときにうまくいかないのか、そろそろ整理する必要があると感じるようになった。

地域で仕事をしていると、さまざまな壁にぶつかる。入念な調査をして実施計画をつくっても実現できなかったり、苦労をしてプロジェクトを立ち上げたものの、持続できずに終わってしまうケースも多い。またブランドのロゴをつくってもほとんど使われずに、ポスターの片隅にかろうじて載る程度とか、砂を噛むような思いをすることがある。根本的な原因がよくわからず、悶々としている中で、私たちは地理学の分野で議論されてきた「プレイス（場所）」というアイディアと出会うことになる。

プレイス論とは、1970年代に人文主義地理学の分野で芽生えていった学問である。人間性に欠けた地域開発に対する批判から、もっと人間が中心となって、場所のもつ意味を大切にしようと主張する。そして、プレイスとは、さまざまな人々が主体的に意味づけしていくことで浮かび上がってくる〝意味の空間〟であると考えられるようになる。その後、さまざまな分野の地理学者によってプレイス論は展開されていき、多様な解釈や定義が生まれた。どのアイディアも地域課題に悩む私たちにとって示唆に富むものであり、難解ではあるが、広くて深いプレイスの世界へと引き込まれていった。

こうしたプレイス論との出会いが、これまでの取り組みについて根本的に考え直す機会を与えてくれた。研究を進めるにつれて、プレイスというのは、人間的で、主体的で、創造的で、自由だという印象をもつようになった。一方で、「地域」と聞くと、単位が固定的であり、ステークホルダーが決まっており、客観的な印象を受けてしまう。つまり、「地域」ありきではなく、「場所」として捉え直すことで、まるで地図にドローイングするような気持ちになることができた。そして、これまで悶々と感じてきた〝地域活性をめぐるジレンマ〟から解き放たれる気がした。

プレイス・ブランディングという新しい分野を

日本においては、「地域ブランド」というと、まだまだ産品をイメージすることが多く、なかなか場所をブランディングするというイメージが湧きにくい。そこで、一層のこと、「プレイス」という言葉に置き換え、「プレイス

・ブランディング」という新しいジャンルを確立したほうがいいのではないかと考えた。一方で、海外では、すでにプレイス・ブランディングというジャンルはあるが、マネジメント論が中心で、プレイス論にあるような人間の主体性や創造性といったイキイキとしたものが感じられない。こうして私たちは、日本独自の「プレイス・ブランディング」の必要性を強く感じるようになっていった。

以上のような問題意識の中で本書は生まれており、本書を定義すると、「プレイス（場所）をブランドにするための初めての理論書であり実戦書」である。実践とは書かず、あえて〝実戦〟と書いたのは、最前線の現場で戦ってきた知見を大切に伝えたいと思ったからである。

本書を通じて、プレイス・ブランディングという分野を、地域問題に関わるすべての人たちとともに切り開いていきたいと願っている。

地域問題を抱えるすべての人へ

本書は、地域問題を抱える幅広い方々に読んでいただきたい。

まずは、個人の方々である。近年、「地方で働きたい」「地域に関わる仕事がしたい」など、個人の方々の意識が高まっており、そうした方々がアクションを起こすきっかけになればと考えている。

次は民間企業である。近年、社会の課題を解決しつつビジネスを発展させていこうというCSV（Creating Shared Value）という経営理念に対する関心が高まっている。こうした意識をもった民間企業に、プレイス・ブランディングの重要なアクターになっていただきたいと願っている。

また、都市開発、まちづくり、鉄道沿線開発、建築といった領域に関わる方々にも読んでいただきたい。こうした分野における計画は、大規模な資本投資の場合が多く、プレイスのあり方に大きな影響を与えると考えられる。そのため、企画・計画段階において「プレイス・ブランディング」という発想が何らかのヒントになれば、と考えている。

そして、次は、行政あるいは地方創生戦略立案に関わっている方々である。地方創生という大きな流れの中で、どのようなストーリーを描いていけばいいか、日々悩み、考えている方々に対して、「プレイス」という視点で捉え直していくことの重要性について感じていただければと思っている。

近年は、DMO（Destination Marketing / Management Organization）や地域商社など、マーケティング組織の創設が一種のブームとなっているが、組織化ありきではなく、「プレイス」という視点からDMOをいかに育成し発展していくかについて、いくつかのヒントを提供できればと考えている。

最後に、若い世代、とくに学生や研究者やクリエーターの方々の間で、まちづくりやシティ・プロモーションに対する関心はきわめて高くなっている。彼、彼女たちは、次の日本を担う最重要ターゲットであり、プレイスという視点で捉えることの創造性（クリエイティビティ）や楽しさをぜひ体感してほしい。

以上のような、さまざまな立場や世代の方々に対して、本書がプレイス・ブランディングへの橋渡しとなり、日本をよくするムーブメントが草の根的に起きることを願っている。

プレイス・ブランディングに関する初めての本

本書は、プレイス・ブランディングに関する「理論」「事例」「実戦」の3つが融合した、初めての体系書である。

理論を背景に、プレイスがブランド化される複雑なプロセスをわかりやすく図式化し、「プレイス・ブランディング・サイクル」として、それを見取り図にしながら、国内外の優れた事例を紹介し分析している。

各事例の記述については、プレイスに生きる人々を主人公として、その方々の息遣いやプレイスへの想いが伝わるような臨場感のある描写を心がけている。

また、読者の方々が主体的に実戦していくためのノウハウやアイディアが随所に散りばめられており、プレイスにどう向き合い、どのようにアクションを起こしていくかについての指南書にもなっている。

本書は、「理論編」「事例編」「実戦編」の3部構成になっているが、読者の方々の関心に応じて、どこから読み始めていただいてもいい。研究者や専門家の方々には、「理論編」から入り、社会的かつ理論的背景を踏まえたうえで、「事例編」「実戦編」へと進めていただければと思うが、実務家の方々には、まずは、3章の「プレイス・ブランディング・サイクル」を直感的に理解してから、「事例編」「実戦編」へと読み進んでいただければと思っている。

感謝の気持ちを込めて

そもそも私たちが、地域問題に関心をもつきっかけを与えてくださったのは和田充夫先生（慶應義塾大学名誉教授）である。前著『地域ブランド・マネジメント』（電通abic project編、2009）の中で、先生が書かれた「まえがき」にあるように、「少子・高齢・過疎化という日本が抱える深刻な課題に対して、地方主権、あるいは故郷をベースとしたブランド戦略の必要性を説く」というテーマ設定の鋭さと先進性に私たちは大いに刺激を受け、共同研究を通じて多くのことを学ばせていただいた。本書が先生の考えを引き継ぐに値する内容でありたいと願っている。

また、プレイス論という未知の領域に入り込み、私たちが迷子になりそうになったときには、地理学の専門家である加藤政洋先生（立命館大学教授）の研究室のドアを叩かせていただいた。先生との数回にわたる議論を通じて、プレイスという概念の奥深さと面白さについて、身をもって体験できたことは、執筆していくうえで大きな心の支えとなった。おそらく先生のアドバイスなくしては、プレイス論とブランド論の融合は困難を極めたに違いない。

両先生以外にも、行政や企業の方々、そして地域に根ざして活動されている方々から多くのことを学ばせていただいた。

このように本書は、10年にわたるさまざまな人々との出会いによる知見から紡がれた物語である。今後の日本において地域問題に取り組む次世代の人々に、この物語が受け継がれることになれば、筆者一同にとって、これ以上の幸せはない。

著者を代表して

2018年1月1日

若林宏保

著者紹介

若林 宏保
HIROYASU WAKABAYASHI

株式会社　電通　クリエーティブ・ディレクター
日本のさまざまなプレイスを対象としたブランディング活動を推進し、プレイス・ブランディングに関する手法、実践、知見を集めた独自のプラットフォームを構築している。

徳山　美津恵
MITSUE TOKUYAMA

関西大学　総合情報学部　教授
主な研究分野はプレイス・ブランディング、消費者行動論。主著に『農林漁業の地産ブランド戦略——地理的表示を活用した地域再生』(共著)ぎょうせい、2015年。『東アジア経済・産業のダイナミクス』(共著) 関西大学出版部、2015年。『宝塚ファンから読み解く　超高関与消費者へのマーケティング』(共著) 有斐閣、2015年。『価値共創時代のブランド戦略——脱コモディティ化への挑戦』(共著) ミネルヴァ書房、2011年。『地域ブランド・マネジメント』(共著) 有斐閣、2009年など。

長尾　雅信
MASANOBU NAGAO

新潟大学　大学院技術経営研究科／工学部協創経営プログラム　准教授
主な研究分野はプレイス・ブランディング、関係性マーケティング。主著に『宝塚ファンから読み解く　超高関与消費者へのマーケティング』(共著)有斐閣、2015年。『地域ブランド・イノベーション——新潟から人と文化と空間のあり方を考える』(共著)新潟日報事業社、2013年。『地域ブランド・マネジメント』(共著) 有斐閣、2009年など。

目次

理論編 /
THEORY

1

なぜ
プレイス・ブランディングが
必要なのか

WHY IS
PLACE BRANDING
NECESSARY ?

1-1. 2020年以後の日本の課題

私たちは、10年にわたって「地域ブランド」という観点から地域課題と向き合ってきた。その経過の中で、2つの大きな環境の変化が起きていると感じている。

1つめは、「地域に対する人々の意識の変化」である。メディアでは旅情報やご当地グルメなどの「地域」に関する情報が溢れ、銀座や日本橋などにある自治体が運営するアンテナ・ショップはどこも賑わいをみせている。旅の名所は日々ソーシャル・メディアでシェアされ、さまざまなクリエイターが、質の高い動画を制作し多くの人々に視聴されている。10年前では考えられなかったが、「地域」に関わる仕事がしたい、地方への移住は格好いい、という声もとくに若い世代から聞こえてくる。こうした動きは国内だけでない。海外からも多くの外国人が訪れ、彼らなりの文脈で日本の地域の価値を見出している。このように人々の関心は大きく「地域」にシフトしてきている。

もう1つは、「国の地域政策の転換」である。2014年に出された「増田レポート」によると、今後、地方の人口が東京を中心とする3大都市圏に流入してくる。とくに東京は生活や子育て環境が厳しく出生率が低くなり、日本の人口はどんどん減少していく。そして、東京だけに一極集中する「極点社会」を迎え、今後896の地方自治体が消滅の危機にあるという（増田、2014）。このままでは国がなくなるという危機感から、「内閣官房 まち・ひと・しごと創生本部」が立ち上げられ、地方の平均所得向上のために、「東京一極集中の是正」「ライフスタイルの見つめ直し」「仕事の創造」「子育て支援」など、さまざまな施策が盛り込まれていくことになる。そこには、各個人の暮らしや生き方との関係の中で地域を捉えていかなければならないという危機感が感じられる。

問題は、地方だけではない。東京の人口減少はまだ先の問題だが、これまで住宅地としてブランド化された街において急速に高齢化が進んでいる。その一方で、交通の便がよい未開発のエリアに、高層マンションが立ち並び、メディアが頻繁に取り上げることで、若い世代や子育て層が流入し、新しい街が生まれつつある。こうしてつくられる新興地区は、流入層のライフステージの変化によって浮き沈みが激しいと予想される。さらに今後、外国人の居住が増加し、多様性の観点から、いかに街のコミュニティやアイデンティティをつくっていくかなどの課題も浮上しており、2020年以後、東京も地域課題に直面していくと考えられる。

これまで地域課題を考えるときには、「地

域活性化」という言葉が使われてきたが、近年は「地域」を生み出すという意味合いが強まり、「地方創生」という言葉に集約されるようになっている。この国家あげての地方創生戦略は、2019年まで実施される予定であり、東京オリンピックが開催される2020年以後の日本のあり方に大きな影響を与えていくだろうし、改めてその是非を問われることになるだろう。このような人々の意識の変化と国家の地域政策の転換期の中で、「地域ブランド論」はどのような課題解決を提供できるであろうか。私たちは改めて「地域ブランド論」そのものを考え直していく時期を迎えている。

1-2. 産品発想の地域ブランド論

一般的に、地域ブランド論は、「産品」を対象とするのか、「地域そのもの」を対象にするのか、大きく2つの領域に分類される。日本においては、前者である「産品」を対象とするブランディングが中心に展開されてきた。それは2000年頃から始まり、2005年には「地域団体商標制度」が導入され、さらに2015年には、海外に向けて「地理的表示（Geographical Indication:

GI）が運用されるようになり、地域の名前を付与することで、商品としての付加価値を上げていこうとする活動が日本に根づいていった。

私たちは2009年に、後者である「地域そのもの」のブランディングの重要性を唱え、マーケティングにおけるブランド戦略論を応用し、調査から策定そして実行に至るまでのプロセスを体系的に明らかにした『地域ブランド・マネジメント』（電通abic project編、2009）を出版した。この本は多くの実務家や研究者に活用され、ここで示した理論的枠組みは実践の現場に持ち込まれ、私たちもいくつかの地域ブランド・プロジェクトに関わることができた。

しかし、産品のブランディングに比べ、「地域そのもの」をブランディングすることはそう簡単ではない。ブランド調査をもとに可能性のある地域ブランド像を描いたとしても、それを持続可能な形で実現していくことは難しい。仮に、ビジョン、ロゴ、スローガンを複雑な合意形成を経て策定したとしても、それが継続的な実践に結び付いていかず、つくっただけで終わったプロジェクトはたくさん存在する。その原因として、小林（2016）は地域ブランドのもつ「多様性」「多義性」「公共性」「不確実性」を挙げており、ブランド論の単なる地域への「適用」ではなく、「独自」の地域ブランド論の必要性を論じている。

商品や企業のブランドの場合には、明確な

アイデンティティを設定し、トップダウンもしくは権限をもったブランド・マネージャーのもとに社内外のステークホルダーの間でブランドの思想が共有化されたうえで、セグメントされたターゲットに対して実行される。したがってKPI（Key Performance Indicator）も明確であり、短期的および長期的な売上目標とめざすべきブランド評価指標が設定され、意思決定も合理的で明確である。また実行した施策に対して効果的か否かの検証が継続的になされ、その結果に応じて資金が投入されていく。

一方、地域ブランドの場合は、そもそも、めざすべきアイデンティティの設定が難しく、主体も多種多様であり、それぞれが独自の目標をもっているため共通の目標を設定することが難しい。また、ターゲットを絞ることは難しく、オール・ターゲットに陥りやすい。KPIの設定についても、入込数のような機能的な指標から、住民の誇りや郷土愛のような情緒的な指標までさまざまなレベルのものが混在してしまう。また、意思決定もさまざまな思惑の中で行われるため複雑になる傾向があり、ブランドへの投資も公的な資金が中心となるため、長期的かつ継続的な確保が難しい。つまり、「地域」を対象にブランド・マネジメントをしていくには、商品や企業と比べてあらゆる側面においてさまざまなハードルが存在するのである。

1-3. 海外における プレイス・ブランディング研究

プレイス・ブランディングが対象とするプレイス

日本において注目されている地域ブランディングは、海外ではプレイス・ブランディング（Place Branding）として近年、とくに注目を集めている分野である[1]（たとえば、Dinnie 2004; Kavaratzis 2005; Kavaratzis & Hatch 2013）。そして、日本との大きな違いは、「産品」ではなく「場所」すなわち「地域そのもの」を研究対象としていることであり、われわれの問題意識と一致する。そこで、もう少し詳しく海外の研究の動向をみていこう。

プレイス・ブランディングとは、ブランド戦略や他のマーケティング・ツールを場所（町、都市、地域、国など）の経済的・社会的発展のために用いること、と一般的に定義される（Anholt 2004; Hanna & Rowley 2011）。そこで研究される「プレイス」は多岐にわたる。プレイス・ブランディングに関する研究をみていくと、シティ・ブランディング（Kavaratzis & Ashworth 2005; Lucarelli & Olof Berg 2011）やアーバン

・ブランディング（Vanolo 2008）、ネーション・ブランディング（Anholt 1998; Dinnie 2008）、デスティネーション・ブランディング（Morgan et al. 2002; Blain, Levy, & Ritchie 2005; Pike 2005）、ロケーション・ブランディング（Hankinson 2001）といったさまざまな言葉が使われている。近年ではそれらを総称してプレイス・ブランディングという言葉が使用されるようになってきているが、まだ統一されたとはいえず、マーケティングとブランディングに関する違いも明確に意識されていないことが多い（Kavaratzis & Hatch 2013）。すなわち、場所とは何か、ブランディングとは何か、に関しての整理がなされないまま研究が進んでいることが、研究全体の構造を捉えにくくしているといえる。そこで、本書では現在までの研究の流れを図1-1にそって整理していきたい。

1 プレイス・ブランディングのプレイスは通常、場所と訳されるものである。この用語に対し、日本においては都市ブランディングという言葉が使われたこともあるが（たとえば、陶山、2006）、近年では地域ブランディングが主流になっている（久保田、2004; 青木、2004; 電通abic project編、2009; 小林、2016など）。

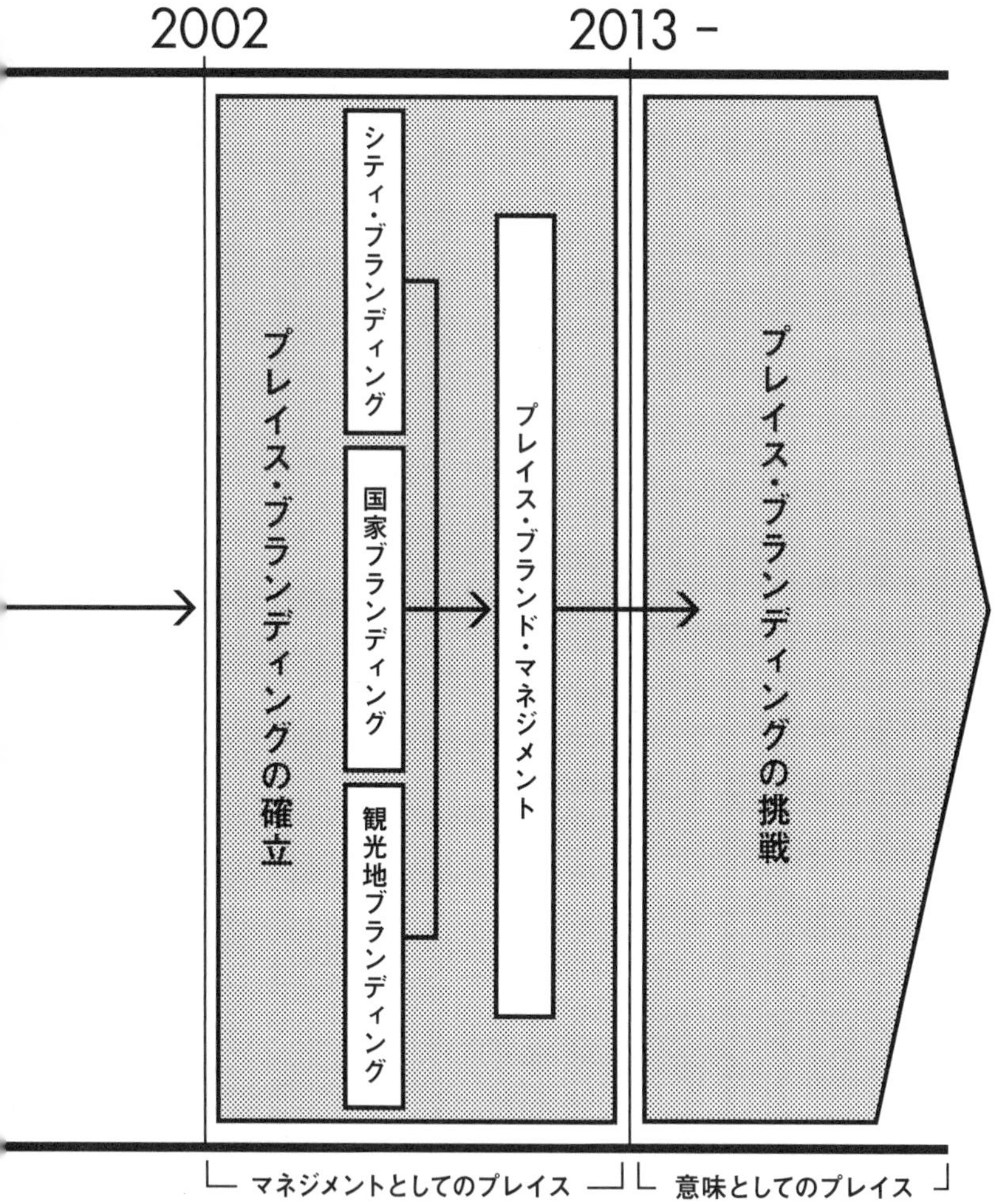
2002
2013 -
プレイス・ブランディングの確立
シティ・ブランディング
国家ブランディング
観光地ブランディング
プレイス・ブランド・マネジメント
プレイス・ブランディングの挑戦
マネジメントとしてのプレイス
意味としてのプレイス

図1-1　プレイス・ブランディング研究の流れ

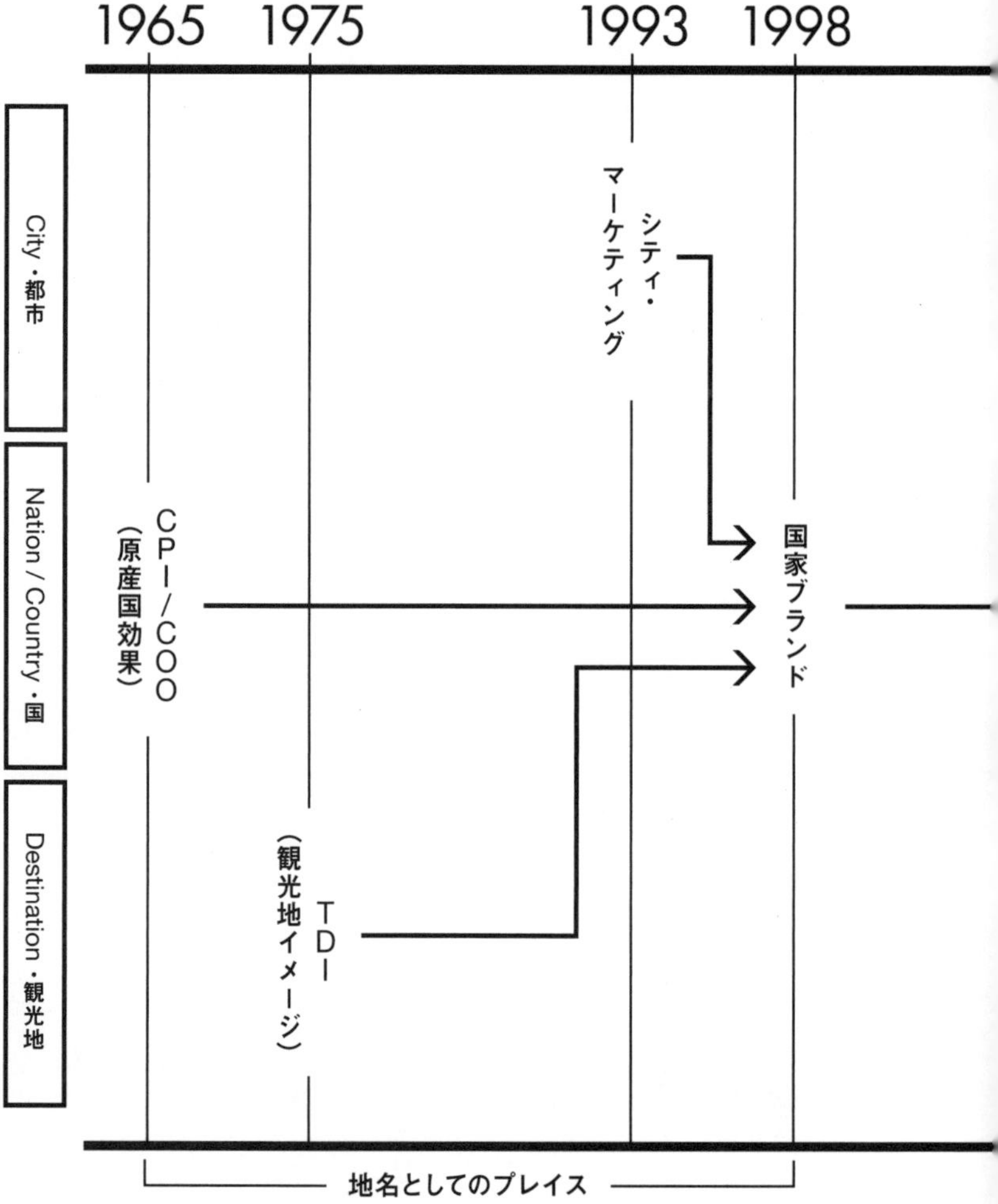

地名としてのプレイス

プレイス・ブランディングと呼ばれる研究領域を整理すると、大きく3つに集約することができる。国家（Nation / Country）と都市（City / Urban）、そして、観光（Tourism / Destination）である。

図1-1にあるように、プレイス・ブランディングという言葉が登場する以前から、場所に関するブランド・イメージの研究は行われていた。国家に関しては1960年代に消費者の製品選択において、製品と国のイメージ（Product-Country Image: PCI）に関する研究、すなわち原産国効果（Country of Origin: COO）の研究がスタートしている。COOの効果に関する実証研究としては、Schoolar（1965）によって行われたものが最初とされ、その後、多くの研究が手がけられてきた（Verlegh & Steenkamp 1999）[2]。同様に、観光に関しても、消費者の旅行先の決定に大きな影響を与える重要な要素として、1970年代からデスティネーション・イメージ（Tourism Destination Image: TDI）の研究がスタートしている。たとえば、Hunt（1975）のデスティネーション・イメージの測定に関する先駆的な論文はツーリズム開発におけるデスティネーション・イメージの重要性を指摘し、多くの研究者に影響を与えたとされる（Hunt 1975; Beerli & Martin 2004; Hanna & Rowley 2008）[3]。

ただし、この時期盛んに行われていたブランド・イメージ研究において、プレイスはあくまでも地名として捉えられていた。「メイド・イン・ジャパン」における「ジャパン」や渡航先としての「ハワイ」が消費者の選択においてある一定の効果をもつことについては検証されたが、その効果はどのようなイメージ構造から、どのような経緯で生まれたのかについては議論されていない。その意味で、この時期のプレイス・ブランディングに関する研究は「地名としてのプレイス」と整理することができる。

2　PCI／COOに関する1990年代までの研究動向について、日本語文献では恩蔵（1997）が詳しい。

3　デスティネーション・イメージ研究は、ツーリズム分野において最も盛んに研究されている領域とされる（Pike 2016）。

シティ・マーケティングの登場

1990年代に入ると、都市研究（urban studies）にマーケティングの概念が導入され、シティ・マーケティングという分野が誕生する。その代表がKotler et al.（1993）の『地域のマーケティング』（原題：*Marketing Places*）である。同時期に、マーケティングを都市研究に導入したAshworth &

Voogd（1990）の著書のタイトルは*Selling the Cities*である。このことからもわかるように、シティ・マーケティングの研究は当初、特定の場所のプロモーションという視点に重きが置かれていた。それが、この時期になってようやく顧客志向や４Pといったマーケティングのベーシックな理論が導入されるようになったのである。

　この時代から、プレイスの分野は戦略論やブランド論の影響を大きく受けるようになる。Poter（1990）の国の競争優位の理論モデルによって国家間競争がクローズアップされる。その後、企業や製品・サービス分野において、Aaker（1991）のブランド・エクイティ論やKeller（1993）の顧客ベース・ブランド・エクイティ・モデル（Customer-based Brand Equity: CBBE）といったブランド・マネジメントの概念が提唱され、プレイス・ブランディングも次なるステージに進むことになる。

プレイス・ブランディングへの統合

　１９９８年にアンホルトは国家ブランドに関する論文である“Nation-brands of the Twenty-first Century”（*Journal of Brand Management*）を発表する（Anholt 1998）[4]。この論文によって、国家がブランディングの対象として注目されるようになった（Gertner 2011）。同時期に、ツーリズムの分野においてもデスティネーション・ブランディングが研究されるようになったといわれる（Blain, Levy & Ritchie 2005）。それまでは両分野においてマーケティングとブランディングが併存していたが、1998年を機に地域を製品やサービスとして捉えるマーケティング・アプローチから、より抽象的なイメージとして捉えるブランディング・アプローチに軸足がおかれるようになる（Lucarelli & Berg 2011）。

2002年には*Journal of Brand Management*の特集号として国家ブランディング（nation branding）が取り上げられた。また、観光の分野でもデスティネーション・ブランディングに関する論文集*Destination Branding: Creating the Unique Destination Proposition*（Morgan, Pritchard, & Pride eds. 2002）が出版され、プレイス・ブランディング研究の基盤は確立していく。この論文集には、先に述べたコトラーも著者の1人として加わっており、国家から観光までさまざまなテーマが扱われている。2004年には、*Place Branding*という学術誌も創刊され[5]、プレイス・ブランディングのもとで学際的な議論が行われるようになった。

その背景には、国家や都市間競争の激化がある。テクノロジーの進展による移動コストの低下や通信手段へのアクセスの飛躍的な向上によって、ヒト・モノ・カネ・情報といった資源の流動性は高まり、より多くの都市へのアクセスが可能になった（Kerr 2006）。海外のメディアからさまざまな国や都市の情報を得ることが容易になっただけでなく、海外旅行に行くことのできる消費力をもった人々は世界的に増えており、都市や国家をみる人々の目も大きく変わってきている。

こうした環境変化の中で、多くの国や都市が危機感をもつようになった。都市間の同質化の脅威にさらされる中で、世界中の投資家を呼び込んだり、専門スキルをもつ優秀な人材を獲得しなければならないという課題に直面している（Hanna & Rowley 2008）。こうした競争に生き残るための方策の1つとして、プレイスにおいてもブランディングが重要視されるようになったのである（Hanna & Rowley 2008; Kotler & Gertner 2002）。

4　国家ブランディングは、多くの国（とくに発展途上国）の政府関係者の注目を集めることになった。アンホルトが国家政府のアドバイザーとしてさまざまな国家のブランディングに関わっていたことからもわかるように、国家ブランディングの議論はアンホルトをはじめとするコンサルタントが中心となって進められたとされる（Kavaratzis 2005）。

5　翌年に*Place branding and Public Diplomacy*にジャーナル名が変更されている。

マネジメントとしてのプレイス

戦略的ブランド・マネジメントは、ブランド・エクイティを構築し、測定し、管理するためのマーケティング・プログラムのデザインと実行に関わる（Keller 1998）。国家や都市、観光地といったさまざまな対象においてプレイス・ブランディングの実践ニーズが高まる中、こうしたブランド・マネジメントからの知見が、プレイス・ブランディングに積極的に適用されるようになってきた。その背景には、とくに企業ブランド論とプレイス・ブランディングの親和性の高さがある。具体的に指摘すると、企業ブランドの抽象性や複雑性、ステークホルダー、社会的責任、長期的視点でのマネジメントといった点である（Ashworth & Kavaratzis 2009）。グローバル化に巻きこまれた企業とともに、国家や都市といったプレイスに対して、より実践的な研究が求められるようになってきたのである。その結果、プレイス・ブランディングにおいても、専門のジャーナルが創刊された2004年ぐらいからマネジメント・モデルは主要な研究テーマの1つとなっている。そこで、ここでは最も包括的なモデルを紹介しておこう。

Hanna & Rowley（2011）は、プレイス・ブランディングのもとに国家から観光分野までの幅広い領域において2004年以降に提案された5つの主要なマネジメント・モデ

図1-2　SPBMモデル

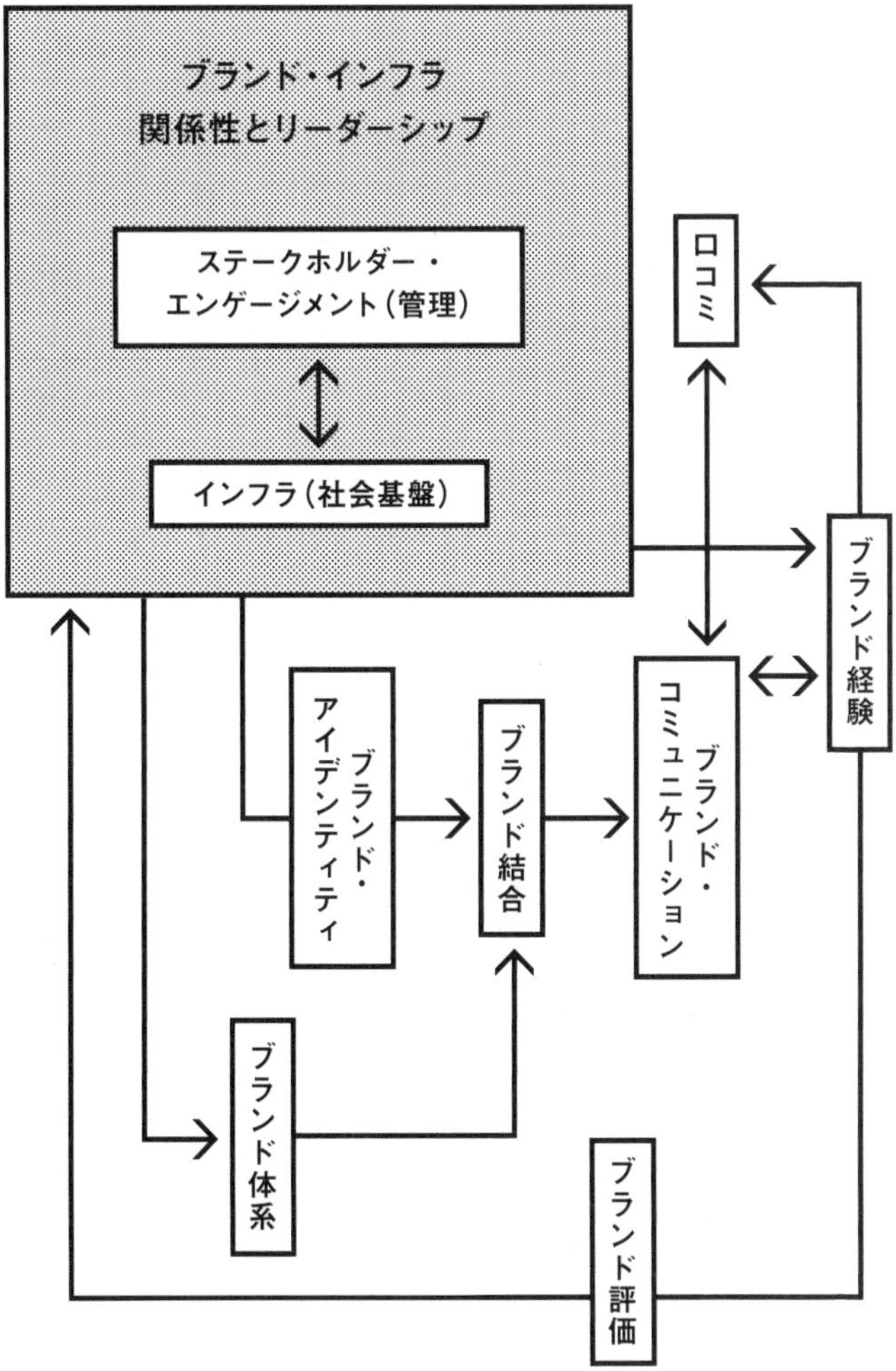
ブランド・インフラ
関係性とリーダーシップ
ステークホルダー・
エンゲージメント（管理）
インフラ（社会基盤）
口コミ
ブランド経験
ブランド・
アイデンティティ
ブランド結合
ブランド・
コミュニケーション
ブランド体系
ブランド評価

ルをベースに、戦略的プレイス・ブランド・マネジメント（SPBM）モデルを提案している（図1―2）。このモデルを構成する要素は、以下のとおりである。

- ブランド評価：ブランド・イメージとブランド経験のフィードバックを集めるために行われるプロセス。
- ステークホルダー・エンゲージメント：ステークホルダーを識別し、彼らの関心を浮かび上がらせ、相互の影響を管理するプロセス。
- インフラ（社会基盤）：機能的プレイス属性（有形）と経験的プレイス属性（無形）の修復と再建を検討するプロセス。
- ブランド・アイデンティティ：ブランドの本質をつくるときに必要な要素であり、機能的属性と経験的属性から成る要素。
- ブランド体系：ブランド・ポートフォリオをデザインし、管理するためのプロセス。
- ブランド結合：プレイスの名前、ロゴなどの選択とデザインを通じて、言語的アイデンティティと視覚的アイデンティティでブランドを表現することに関わるプロセス。
- ブランド・コミュニケーション：ブランド・アイデンティティの伝達に関わる活動。
- 口コミ：ブランド経験についての消費者間の非公式なコミュニケーションに関わ

るプロセス。

- ブランド経験：消費者がブランドに関わり、自らのブランド・イメージを構築するプロセス。

Hanna & Rowley（2011）のSPBMモデルは、アーカーやケラーをはじめとするブランド・マネジメント論をベースにした包括的なモデルであり、プレイス・ブランディングの実践に貢献するだけでなく、アイデンティティやイメージといったブランド・マネジメントを行ううえで欠かすことのできないブランド要素を含んでいる。そのため、プレイス・ブランディング研究の流れを知るうえでも重要な理論枠組みとなっている。したがって、プレイス・ブランディングにおけるマネジメント・モデルの集大成といえるだろう。ただし、こうした議論はあくまでも既存のブランド・マネジメント論をベースにしたものであり、ビジネスの世界を広げたにすぎない。このモデルで、われわれが地域ブランディングに関わる際の問題を解決することができるのだろうか。

マネジメント・モデルの限界

COO（原産国効果）やTDI（観光地イメージ）といったブランド・イメージの研究の蓄積のうえで、都市を対象とするプレイス・マーケティングからプレイス・ブランディングへと研究の軸足が移っていくが、その中でアンホルトをはじめとする国家ブランディングの議論が果たした役割は大きい。ただし、国家ブランディングは国家政策に関わるものであり、政府と国家コンサルタント主導で進められてきたことは否めない。しかし、そこにはプレイス・ブランディングへのニーズの高まりが読み取れる。こうした中、海外のプレイス・ブランディング研究は、主に事例研究を中心に蓄積が進み、最近では実務からの要請もあり、マネジメント・モデルに関する研究も多くなってきている。

ただし、先に紹介したモデルや議論において、プレイスはあくまでもビジネスにおいて議論されてきたブランディングの枠組みを適用するための対象という捉え方が主流となっている（Campelo et al. 2014）。小林（2016）も地域ブランディング独自のブランド論の必要性を指摘しているが、プレイス、すなわち場所の特性に目を向けた研究は2010年代に入るまでほとんどみられなかった。

国家や都市は規模も歴史も大きく異なるため、すべてに適合できるようなブランディング・プロセスはないといわれる（Kavaratzis & Hatch 2013）。こうした中、プレイス・ブランディングにおけるマネジメント視点の限界を指摘する研究者も現れてきた。Kavaratzis & Hatch（2013）によるプレイス・ブランディングは一方向的な管理プロセスではないという指摘や、Gnoth（2002）のプレイス・ブランディングはトップダウンではなく、ボトムアップで行われるべきだという意見、プレイス・ブランディングはマネジメントではなく調整プロセス（coordinated process）であるというHankinson（2004, 2009）の主張は、こうしたマネジメント視点の限界を指摘している。

　これらの指摘はステークホルダーに関する課題につながる。企業以上に多様な組織や個人（すなわち、アクター）が関わるプレイス・ブランディングにおいて、ステークホルダーに関する研究の重要性を指摘する研究者は多い（Hankinson 2004; Trueman et al. 2004; Kavaratzis & Ashworth 2005; Hanna & Rowley 2011; Kavaratzis & Hatch 2013）。しかし、これらの研究は先と同様、ステークホルダーをいかにマネジメントするか、という視点の延長上にあるもので、プレイス・ブランドをともにつくっていくというアクター間のブランド共創の視点は、一部を除きほとんどないといっていい（Kavaratzis & Hatch 2013）。国家コンサルタントの存在や資金や強い権限をもつDMOの存在からもわかるように、欧米においてはプレイス・ブランディングを行う主体が明確であることが多く、トップダウン型の視点で行うことはスムーズに理解できる。しかし、TMO（Town Management Organization）が芳しい成果を上げていない日本において、こうしたトップダウンの視点で、プレイス・ブランディングができるのかは、はなはだ疑問である。

プレイス・ブランディングの新たな挑戦：意味としてのプレイス

2010年以降、新たな動きも出てきている。その1つが人文主義地理学の知見を積極的に取り入れようとする研究（Warnaby & Medway 2013; Kavaratzis & Hatch 2013; Campelo et al. 2014）である。たとえば、Campelo et al.（2014）は、人文主義地理学で重要とされているセンス・オブ・プレイスの概念（2章で取り上げる）を用いて、センス・オブ・プレイスがプレイスにおけるブランド経験のベースとして、その土地の独自性を生み出すとする。Kavaratzis & Hatch（2013）も、人文主義地理学の知見を取り入れ、環境との相互作用の中で継続的に生み出され、再生産されるものとしてプレイスを理解する。その文脈において、プロセスの結果として生み出されたプレイス・アイデンティティではなく、プレイス・アイデンティティをプロセスそのものとして捉えたプレイス・ブランディングのモデルを提唱している。こういった指摘は、その土地で得られる感覚や経験がもつ意味を、プレイス・ブランディングに積極的に取り入れようとする試みといえよう。

ブランディングはインタラクティブで進化的なプロセスであり、決して止まることはない（Hanna & Rowley 2011; Kavaratzis & Hatch 2013）。こうしたダイナミックな関係性構築プロセスとしてのプレイス・ブランディングをどのようにモデル化していくか、そのモデルの中でアクター間の動きや作用をどう考えていくかといった視点が今後さらに重要となるだろう。そのためにプレイス・ブランディングにおけるプレイス、すなわち場所とは何かを、いま一度真剣に考え直してみる必要がある。

1-4. 本書の狙いと構成

現代の日本は、地方創生の掛け声のもと、中心市街地活性化、インバウンド観光、若者の雇用、DMOや地域商社の設立など、プレイスと切り離すことができない取り組みが行われようとしている。日本が抱える課題の根深さは、産品中心から地域そのものを対象としたプレイス・ブランディングへの進化を求めているのではないか。しかし日本において、プレイス・ブランディングに関する研究はまだ少なく、[6] 前述した海外のプレイス・ブランディング研究においても、「プレイス」に対する「ブランド論」や「マーケティング論」の適用が主であり、「プレイス」そのものの特性に目を向けた研究はまだ少ない。

そこで本書では、人文主義地理学を中心と

する人文地理学の分野において、議論されてきた「プレイス（場所）」という概念を取り入れることで、もう一度原点に立ち返り、「プレイス」とは何かを問うことによって、日本から新たなプレイス・ブランディングの理論と実戦を提示していきたい。

以上のように、日本発・日本独自のプレイス・ブランディングという分野の確立を、私たちの問題意識と捉え、以下の流れに沿って議論を深めていく。

2章においては、「プレイスとは何か」について、人文主義地理学を中心とする人文地理学の分野でどのように議論されてきたのかについて検討する。そして、プレイスをめぐるさまざまな考え方を俯瞰していくことで、プレイスを捉えていくための有益な知見を導いていく。

3章においては、前章で得られた知見をベースにどのようにプレイスがブランドとして形成されていくのかを構造化した「プレイス・ブランディング・サイクル」を提示する。そこでは、プレイスが生まれるきっかけから、アクターの関わり、そしてプレイス・イメージがどのように拡散していくのか、その一連の流れについて考察していく。

4章から7章まではケースを取り上げ、解説していく。4章においては、近年、若者が住みたい街として世界から注目されているアメリカの「ポートランド」について分析する。ポートランドの成り立ちから、若い起業家たちが「クラフト」や「フード」といったライフスタイル産業をどのように育成していったか、そして、アメリカの一地方都市にすぎないポートランドがどのようにしてプレイス・ブランドとして世界的に成功していったかについて検討してみる。

5章においては、国内における最大規模の広域単位のブランディング事例として成功を遂げている「瀬戸内」を取り上げる。ここでは、行政、民間企業、NPOなどの多様なアクターたちが同時代的に「瀬戸内」というプレイスに魅せられ、それらの活動が織りなされながら、「瀬戸内」という大きな物語が共創されていく姿を描写する。

6章と7章においては、プレイス・ブランディングにおける重要なアクターである民間企業に焦点をあて、プレイスと共に価値を創造していくというCSV（Creating Shared Value）の観点から2つの事例について検討していく。「越後」については、地元の酒造業者が、新しい基幹商品を開発していくプロセスを通じて、伝統工芸である「和紙」産業が再生していくという物語を取り上げる。また7章の「南アルプス」のケースでは、水資源に注目する複数の企業が、あるきっかけによって出会うことで、物語が共創され、プレイスが生まれつつある状況を描いていく。

8章においては、4つの事例分析を踏まえ、プレイス・ブランディング・サイクルを動かすために、私たちはどのようにして活動していくのか、その具体的なアイディアや手法について提示する。その中で、マネジメントではなくディレクション能力の必要性を説く。

そして、9章においては、本書のサブタイトルにあるように「地域」ありきの視点ではなく、「プレイス」という視点でブランディングしていくことの必要性を唱えて、締めくくりたい。

6 伊藤（2009）は、*Place Branding and Public Diplomacy*誌に掲載されている論文を類型化したうえで、研究のテーマと課題について分析している。また若林（2014）は、人文地理学を取り入れた地域ブランド・アイデンティティ生成モデルを提示している。

②

プレイスとは何か

WHAT IS “PLACE”?

2-1. プレイスの定義

「プレイス」（場所：Place）という言葉を定義することはそう簡単ではない。プレイスと隣接した言葉には、「位置」（Location）、「空間」（Space）、「地方」（Local）、「土地」（Land）、「地域」（Region）、「領域」（Area）など、さまざまな種類の言葉がある。また、「村」「町」「都市」「都市圏」「県」「国家」など、行政区分による言葉も存在する。行政区分とは違う「地区」「通り」といった言葉も当てはまる。そのほかにも、「家」「家庭」「コミュニティ」といった所属を示す言葉や、「風景」「景観」もプレイスと密接な関係をもつと思われる。それだけではない。自分自身の「居場所」を知るといった表現や、「出会いの場所」といった関係性を表す表現も存在する。ハーヴェイは、プレイスとは、最も多層的で多目的な言葉の1つとして扱う必要があると述べている（Harvey 1993）。

人文主義地理学者が好んで使う表現の1つに「スペース（空間）から、プレイス（場所）へ」といういい方がある。たとえば教室や学生寮の個室など、初めは抽象的な空間であったが、その中で学び、人々との関わりの中で暮らしていくうちに、思い出や意味が生まれ、そこは自分にとっての意味に満ちた空間、

図2-1　プレイスの定義

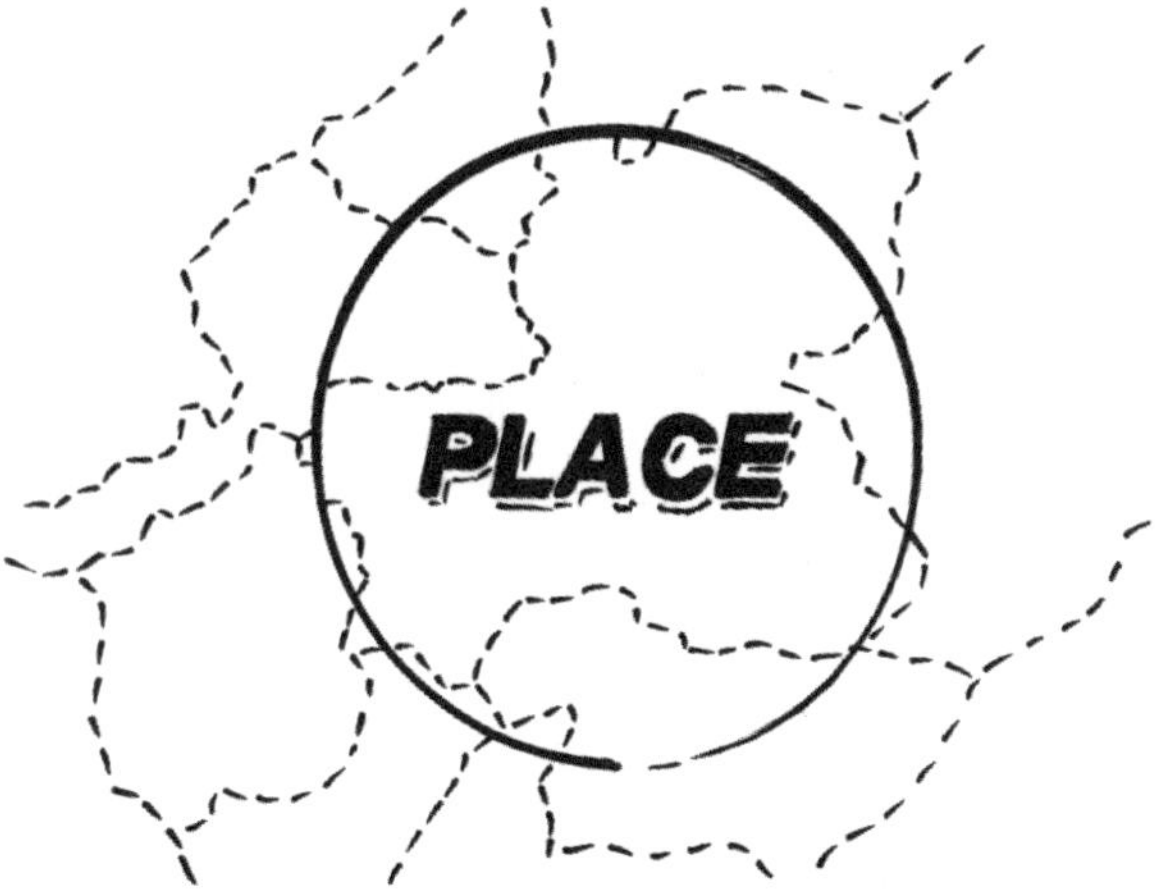

すなわちプレイスへと変遷していくのだという。このような「教室」や「寮部屋」といった空間だけでなく、もっと広い街や故郷も、「プレイス」になりうると考えられる。

人文地理学の分野では、プレイスとは、「人間の具体的な関わりを通じて、周囲の空間や環境から分節させた、個人や特定の人間集団にとって特別な意味を帯びた部分空間」(人文地理学会編、2013、106頁)と定義される。つまり、要約すると「分節された意味の空間」(図2-1)ということができる。

さらに詳しい定義をみてみると、「地図化可能で客観的な事象から相対的に区分され把握される〝地域〟に対して、〝プレイス〟は直接関わり、関係を取り結ぶ当事者の心情や観念として生じ、当事者とともにそのプレイスに関わる他者との共同主観的な意味付けがされ、その結果として景観のあり方やその背後に潜む意味を通じて、受けとられ解読されるもの」（人文地理学会編、2013をもとに若干修正）とされている。つまり、プレイスとは、「地域」とは異なる概念であると同時に、主観的な意味づけでありながらも「共同主観的」であるという点が強調されているのである。

以上、プレイスの定義について述べたが、人文地理学者のアグニューは、プレイスを次のような3つの要素からなる構造として捉えている（Agnew 1987）。

(1) ロカール
(2) ロケーション
(3) センス・オブ・プレイス

1つめは、「ロカール」である。[1] これは社会学者のギデンズが唱えた概念である（Giddens 1979）。人々の日常的な実践によって社会的関係が構成される場であり、そこでは公式、非公式も含めルールや制度が存在することになる。しかし、近年、経済地理学の分野で「ロケーション」（立地）の重要性は高まっており、マクロな規模における生産活動や分業システムなどがプレイスの形成に大きな影響を与えると議論されている。3つめは、人文主義地理学を中心とする「センス・オブ・プレイス」であり、これは日常的な実践によって生み出される「地元感情の構造」を示す。

アグニューがいうには、これらの3つの要素は、地理学者の立つ分野によって強調の度合は変わる。しかし重要な点は、地元社会である「ローカル」とは、客観的マクロ環境である「立地」や主観的な領域へのアイデンティティである「センス・オブ・プレイス」から離れて理解することはできず、まさに三位一体の構造がプレイスであるとしている。

以上、プレイスの定義や構造について考えてきたが、地理学において「プレイス」とはどのように議論されたのであろうか。次節から、その要点について検討していくことにする。

1 「ローカール」概念については、次節の「交わりの舞台としてのプレイス」の項で改めて詳細に議論する。

2-2. プレイス論の変遷

意味の中心としてのプレイス

「プレイス」という概念は1970年代に人文地理学から派生した人文主義地理学という分野でさかんに議論されるようになっていった。人文主義地理学は、従来の実証主義的なアプローチによる地理学に対する疑問から「人間の主体性」を取り入れた地理学として台頭していった（高橋ほか、1995）。それまで主流であった地理学は「合理的人間」を前提としていたが、現実の人間は、常に合理的に行動するわけではない。そうした問題意識の中、創造的な人間がどのように世界を知り、意識に根ざして生活し行動するのか。人間を中心にすえたルネサンス以降の人文主義に立ち返り、プレイスをとおして人々の知覚や感情と一体化した生活世界を理解する立場に立つのが、人文主義地理学である（松尾、2014）。

人文主義地理学における代表的研究者であるトゥアンは、「経験」を「人間が世界を知るさまざまな方法に対する包括的な用語」と規定し、「プレイス」を「経験によって構築される意味の中心」と定義している（Tuan 1975）。経験には、能動的な方法と受動的な方法が存在し、前者は主観的な五感に訴え、後者は客観的な知識や情報などによってもたらされる。さらに、トゥアンは、私たちがプレイスという言葉から想像する範囲よりも多様な対象、たとえば、家庭、近所、街、都市、地域、国家をプレイスの単位として挙げている（Tuan 1975）。家庭などの小さな単位のプレイスは、経験のあらゆる方法を通じて知ることができるが、国家などの大きな範囲のプレイスは間接的で抽象的な知識に依存し、その中間である都市や地域といったプレイスは直接的な感覚と間接的な知識を通じて知られる。家庭にある暖炉から、街角の薬局、都市、国家において共通するものこそが、個人や集団にとっての「意味の中心」であり、世界にはプレイスが限りなく存在していると述べている。

センス・オブ・プレイス

プレイスを捉えるうえで人文主義地理学者は「センス・オブ・プレイス」の重要性を挙げる（森川、2004）。英語でセンス（sense）という言葉は、①意義、価値、合理性、②感覚、観念、認識、③センス、勘、判断能力、④感覚、感じ、気持ちなどの意味があり、①②がやや理性的意味合いをもち、③④が感覚的な意味をもっている。センスは多義的であるため、論者によって解釈に幅が生じやすい。

トゥアンによれば、センス・オブ・プレイスの「センス」には、美しさを見分けられるように目が鍛えられるという意味と、美しいプレイスをつくっていくという2つの意味がある（Tuan 1977）。そしてプレイスを感じるようになるには、環境との密接な接触や長いつながりが必要になってくる。たとえば、短期間の旅に出かけて街の中で目に見えるものを評価することは可能だが、街独特の匂いや音、道や壁の質感を知ることは、さらに長い接触の期間を要するだろう。こうした深いセンス・オブ・プレイスは時間を経て得ることができるが、プレイスに対する接点を十分に認識することができるのは、私たちがそこを離れ、遠くから全体を見ることができたときのみだとしている。

一方で、トゥアンと並ぶ代表的な人文主義地理学者であるレルフも、センス・オブ・プレイスの重要性を唱えている（Relph 1976）。感覚的な判断能力を主張するトゥアンと異なり、レルフの定義は「意義」「価値」といった意味合いを含んでいる。そして、レルフは人間の経験の質によって、センス・オブ・プレイスは変化していくとしている。その中で主張するのが、プレイスに対する本物性の態度である。本物性を見極めるセンス・オブ・プレイスの欠如が「プレイスレスネス」（没場所性）を生み出すことを危惧している。プレイスレスネスとは、場所の意義が失われることを示し、それはプレイスのルーツを断ち、シンボルを蝕み、多様性を均一的に、経験的秩序を概念的秩序に置き換えてしまう状況を生み出す。

とくにプレイスレスネスは、大衆文化に関連しており、マスメディアを通じてイメージや思想が広められ、均質で不毛な別世界のようなキッチュなプレイスが作り出される。そのほとんどは、意義をもたず、けばけばしいだけの記号と物体しかない状況であるとしている。

こうしたプレイスの本物性を求めるレルフの主張は後の地理学者の批判を浴びることになるが、プレイスに対する表層的な解釈による商品開発やシティ・プロモーション、観光施策は、今の日本において再考すべき論点である。それと同時に、さまざまなプロジェクトに関わる私たちにとっても重要な指摘であると思われる。

交わりの舞台としてのプレイス

1970年代後半に入ると、主観的な意味を中心とする議論から、社会的な構造としてプレイスを捉えていこうという動きがみられるようになる。社会学者のギデンズは、「時間地理学」[2]を応用することで、社会がどのように構造化していくのかを解明する「構造化理論」を打ち立てる（Giddens 1979）。

ギデンズは、主体的な人間が、「時間－空間」において、さまざまな活動をしていくうえで、人間同士が関わっていく場のようなものを「ロカール」（Locale）と呼んでいる。これは、地方を意味する「ローカル」（Local）とは異なる概念であり、「交わりの舞台」と定義されている。この交わりの舞台における主体たちの行為が社会的関係を生み出し、日常において習慣化していくことで、やがて独自のルールや制度が生まれる。それらのルールや制度には、目に見えるものもあれば暗黙のルールのようなものも存在する。

アグニューが、プレイスを構成する3つの要素のうちの1つとして「ロカール」を挙げているように（Agnew 1987）、プレイスが生まれるには、いかに人々の交わりをつくっていくのか、その中で、独自のルールや制度が生み出されていくかが鍵となる。その結果、社会構造としてのプレイスが生まれていくのである。

2 「時間地理学」とは、1970年にスウェーデンの地理学者ヘーゲルストランドが提唱した概念であり、「人々の活動の時空間上の軌跡から日常生活の制約を分析しようとするもの」である（原、1995）。

個性としてのプレイス

これまで紹介した人文地理学の理論は、プレイスを人と世界の間にある接点として捉えていたが、1990年代からポストモダニズムの影響を受けて、新しい地理学の中でプレイス論が展開していく。その中で、私たちが属するプレイスが、他の要因によってどのようにつくられていくのか、また構成されていくのかについて議論されるようになった（Cresswell 2015）。

ハーヴェイは、グローバル化によって情報が行き交い、人の移動が可能になっていくと、ますます「時間－空間の圧縮」が進むだろうと考える（Harvey 1990）。その結果、独特の文化や個性のあるプレイスに人々は惹かれていき、そうしたプレイスにヒト・モノ・資本・情報が集中し、より存在感を強めていくとしている。

ハーヴェイが提起した「時間－空間の圧縮」は、現代においてはますます高まっていると思われる。インターネットの発達によってローカルな情報が世界へと拡散するようになり、すべての人が情報に簡単にアクセスすることができる。一方で、格安航空会社の普及によって多様な人々の国際的な移動が可能になり、今や日本においてもさまざまな国籍の人々で街が賑わっている。こうした変化は、プレイスへの経験の変化を生み出し、ますます個性化されたプレイスを人々は求めるようになると考えられる。

軌跡の出会いとしてのプレイス

グローバル化を「時間－空間の圧縮」と捉え、プレイスの個性化に固執していく視点ではなく、さまざまな差異が構成されながらつくられていくというプロセスとしてプレイスを捉えるべきであると主張したのが、マッシーである。[3]

マッシーは、自身の地元であるロンドン北部の街、キルバーンのショッピング・センター「キルバーン・ハイロード」の状況を観察する（Massey 1993）。そして街の中に点在するアイルランド、イスラム教徒、またはヒンズー教徒の生活のシンボルを取り上げ、そこには複数の民族が共存しているということを改めて認識する。同時に、そこは飛行機が飛び交い、ロンドンへと向かう自動車交通の拠点にもなっており、盛んに空間移動が行われている。そこは広い世界の要素が絶えず変化することによって構成されている場所であることに気づく。つまり、マッシーの捉えるキルバーンは、言い換えれば、さまざまな関係性が一体となった「出会いの場所」なのであるといえる（Cresswell 2004）。

このようなストリートの観察から、マッシーは、プレイスの性質として次の4つを挙げている（Massey 1993）。

(1) プロセス
(2) オープン
(3) アイデンティティの多様性
(4) 再生産

1つめは、プレイスは社会的交わりのプロセスとして存在すること。2つめは、プレイスには境界線を設定する必要性はなく、「外側」とのつながりを通して部分的に存在するものであること。3つめは、プレイスには単一の「アイデンティティ」はなく、それは複数存在すること。4つめとして、プレイスは絶えず再生産されるものであり、それは過去にまでさかのぼってつくられた歴史からもたらされるものではないということである。

以上のようなプレイスの性質について考察したうえで、さらにマッシーは、空間とは何か、プレイスとは何かを追究していく（Massey 2000, 2005）。そこでマッシー自身の「ロンドン－ミルトンキーンズ」間の通勤について思考する。往路で目にするさまざまな景観(高速道路、チョーク層の丘、粘土層の内陸)を描写しながら、この2地点の移動は、単に空間を横切るのではなく、たとえわずかであろうとも、マッシー自身が、「空間の生産」に一役買っていることに気づくのである。

　そのようにして自らの軌跡の中で、物語が生まれるが、その物語はそのときにしか生まれないものなのである。そして、さまざまな人々の「軌跡」が同時に出会い、新しい布置(constellation)によって数々の物語が生まれていくという「多様な物語の同時代性」としての「空間」論を展開する。

　そのうえで、プレイスとは、「ある空間において物語が出会い、それぞれ独自の時間軸をもつ諸軌跡の配置や結びつきを形成する出来事(event)」と定義する。つまり、端的に表現すると「人生の軌跡が集まる出来事」ということができる。

　マッシーは、こうしたプレイスへの見方を打ち出すことで、これまでの議論にありがちな「場所=感情的でローカルなもの」「空間=理性的でグローバルなもの」とする捉え方や、プレイスへの帰属意識は人間に欠かすことができないという本質主義への回帰を否定し、「関係性」という観点からもっと世界を理解すること、そしてローカルなものとグローバルなものが相互に構成していることを認識するために「グローバル・センス・オブ・プレイス」を身につける必要性を強調していった

（Massey 2005）。

3　吉見ほか（1997）の解釈を参考にしている。

2-3. プレイスの性質

以上、さまざまな論者によるプレイス概念を俯瞰してきたが、プレイスとは、内面的、社会的、グローバル、そして関係性などの多様な観点から捉えられるべきものである。これらを踏まえると、プレイスは以下のような性質を備えていると考えられる。

- 分節された意味の空間であること。
- 主観的でありつつも共同主観的な意味をもつこと。
- 人間のセンス・オブ・プレイスがプレイスに影響を与えるということ。
- 多様な主体の交わりの舞台であること。
- 「時間－空間の圧縮」の中で、プレイスの個性化が高まること。
- 人生の軌跡における出会いであり、出来事であること。
- 多様なアイデンティティが混在しているということ。
- プロセスとして捉えるべきであり、常

に再構成されていること。

以上を受け、私たちはこれから、プレイス論から得られた有益なアイディアを取り入れながら、いかにプレイスはつくられていくのか、またプレイス・ブランディングとは何かについて考察を進めていくことにする。

3

プレイス・ブランディングのしくみ

THE PLACE BRANDING CYCLE

3-1. プレイス・ブランディング・サイクルの構築

前章において、プレイスの定義と性質について検討したが、本章では、「プレイス・ブランディング」とは何かについて考えていく。

まず初めに、「プレイス・ブランディング」とは、「〝分節された意味の空間〟であるプレイスが、多様な人々の中に、高い密度で共有化されていくこと」であると定義したい。

そして、いかにプレイスがブランド化されるのか、その動態的なしくみを描くと図3-1のとおりとなると考えられる。

このモデルにおいては、物理的な立地（Location）が意味づけされることにより、それまで独自の軌跡を歩んできたアクターたちが交わっていき、そこで多様なコンテンツが生まれていく。その結果、さまざまな意味がつながっていくことで、布置としての意味の空間、すなわちプレイスが浮かび上がってくる。しかし、その意味の空間は決して固定化されることなく、常に再編成されていくという動態的な構造になっている。

図3-1　プレイス・ブランディング・サイクル

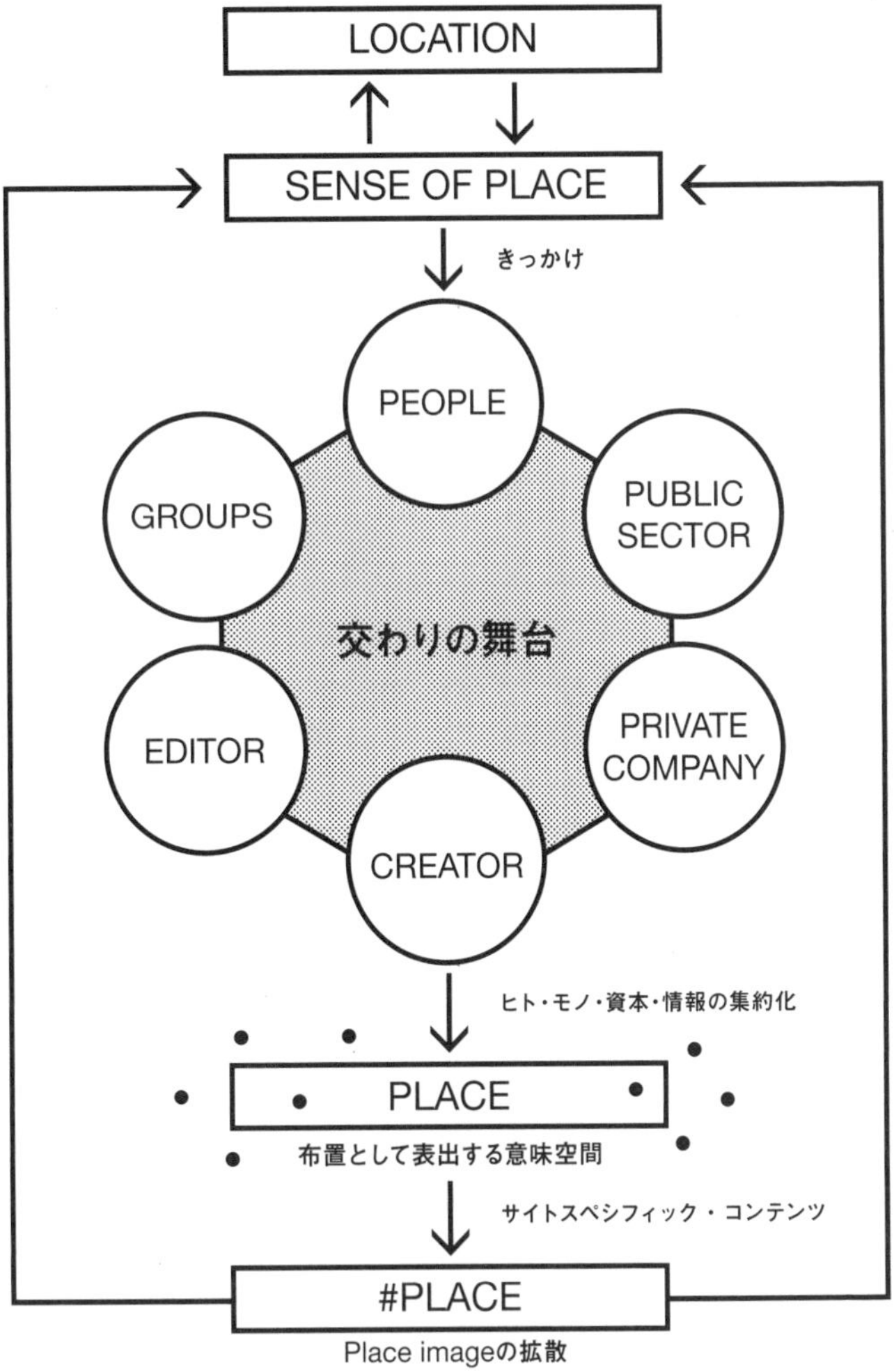

3-2. 立地とセンス・オブ・プレイス

モデルの起点は、「立地」(Location) である。立地とはまだ意味が明確になっていない物理的な空間である。その単位の広がりは、地方から街路に至るまで、さまざまな単位が想定される。

一方で、センス・オブ・プレイスとは、その場所に対してどのように意味づけをしていくか、その起点となる「場所に対する感覚」を示す。それは、2章2-2で考察したように、体験に基づく本能的なものかもしれないし、プレイスの存在意義や思想のような理性的なものかもしれない。また、それは離れてみて初めて気づくものかもしれない。いずれにせよ、プレイスに対して人々がどのような感覚をもつようになるかが、センス・オブ・プレイスなのである。

そして、立地とセンス・オブ・プレイスは、表裏一体の関係にあるが、それらは互いに緊張関係にある。立地という抽象的な空間に創造的な意味づけがなされた場合に、それがきっかけとなり、プレイスが生み出される起点となっていくのである。

3-3. 交わりの舞台

多様なアクターたちが、「いかに交わり合っていくか」がモデルの核心部分となる。アクターには、住民や来訪者などの内外の市民やグループ、行政機関などの公的組織、民間企業やNPOなど、さまざまな独立した主体が含まれる。住民と来訪者ではプレイスに対する意味づけは異なるであろうし、行政はプレイスよりも行政区分に着目する。民間企業においても、経営戦略によってプレイスに対する意味づけは異なってくるだろう。

図3-2　交わりの類型

	アクター	交わり
1	ステークホルダー（利害関係者）	共働
2	コミュニティ（共同体）	共感
3	インディペンデント（自立した個人）	共在

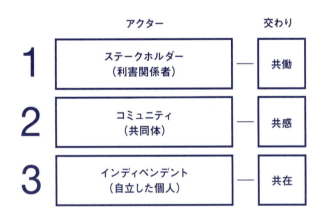

政治は都市計画における資金の配分に関心をもち、政府は地方創生文脈における支援に関心をもつ。それらの想いはほんの一部であり、各アクターのさまざまな思惑や権力が複雑に交差する場が存在するのである。

それぞれに目的をもつ多様なアクターがいかに交わっていくかが、プレイスを生み出すうえで重要な課題となる。そして、その主体となるアクターや交わり方にはいくつかの種類があると考えられる。その交わり方については、図3-2のように類型化できる。

第1の形態は「ステークホルダー」×「共働」である。ここでいう「ステークホルダー」とは利害関係者を指す。彼らは長年の信頼関係や地元への忠誠心、さらに目に見えないルールや、個人的な感情や派閥など、心理的で情緒的な壁なども含めて利害関係が複雑に絡み合っている。目的や利害が一致した場合は、推進する力は強く実現しやすいと考えられるが、複雑に利害が絡み合っている分、閉鎖的でもあり、時には形式的にもなり、調整が難しい。そうした状況は行政にも当てはまると考えられる。行政が地域をブランディングしようとする場合、プレイスというよりも行政単位にこだわり、民主的な手続きが必要となるため、プレイスに対する柔軟な捉え方ができなくなる場合がある。こうした行政内あるいは行政間のつながりの柔軟性が、プレイスの形成に影響を与えると考えられる。

第2の形態は、「コミュニティ」×「共感」である。マッキーバーによると、コミュニティとは、「地域性に基づいた、人々の共同生活が営まれる生活圏」を指すが、現代社会において、コミュニティが希薄化していく中でその重要性は見直されてきている。同時に重要性が高まっているのが、「情報コミュニティ」である（船津・浅川、2014）。地域性を必要とせず、インターネットやSNSによってつながっていくコミュニティを指す。ここでは、社会的な壁を開放しタテからヨコへの対等な関係が生み出され、そこから新しい文化や社会が生まれる可能性がある。その結果さまざまな価値観やライフスタイルを志向する人々が共感によってつながり、そこからプレイスに結び付く可能性がある。たとえば「サーフィン」を生きがいにする人が集まるプレイス、クリエイティブな人たちが集うプレイス、ローカルなライフスタイルを志向する人たちが移住するプレイス、起業のための拠点となるプレイスなど、テーマ性をもったコミュニティはプレイスの形成に大きな影響を与えると考えられる。

第3の形態が、「インディペンデント」×「共在」である。これは、自立した個人であるアクターたちのさまざまな活動をとおして出会いが生まれていく中でプレイスが形成されていくものである。3つのレベルの中で最もオープンで、自走を誘発する交わりの形態であるといえるだろう。

たとえ別々の目的をもったアクターたちがバラバラで活動していても、全体的には意味のつながりがある状態こそが豊かなプレイスではないだろうか。先に述べた「コミュニティ」はある共通の価値観やテーマに沿った人々のつながりの場であるため、閉鎖的な側面ももつ。2章で述べたように、マッシーは、さまざまな人々の軌跡が重なりそこに数々のストーリーが生み出され、それが出来事として結合したものがプレイスであると述べている。つまり、別々の価値観やライフスタイルをもった人々がそれぞれの軌跡の中で偶然的に出会うことによってプレイスはつくられていくのである。

以上、3つのレベルの交わりについて議論してきたが、これは段階的なものではなく、同時に併存するものでもある。さまざまな交わりがうまく交差することで豊かなプレイスが形成されていくのであり、その交わりが広がっていくことで、ヒト・モノ・資本・情報がプレイスに集約されていき、強いパワーと存在感をもったプレイスへと発展していくのである。

3-4. CSVとプレイス

続いて、交わりの舞台において、今後、重要になってくると考えられるアクターである民間企業とプレイスの関係について考えてみることにする。その関係を類型化すると、図3-3のように整理される。

第1の型は、企業がその地を「立地」(Location)として見なしている場合である。経済的な効率性を追求し、生産や物流の拠点として捉えている場合が含まれる。この地で生産活動が行われる場合、税収が高まるため積極的な工場誘致などを推進する自治体も多い。また、大規模な商業施設も、その地の市場規模や車の流れなどを総合的に判断しながら出店計画を立てる。こうした場合の経営戦略には、「立地」という視点が中心であり、センス・オブ・プレイスが介入する余地はあまりない。

図3-3 企業との交わりの類型

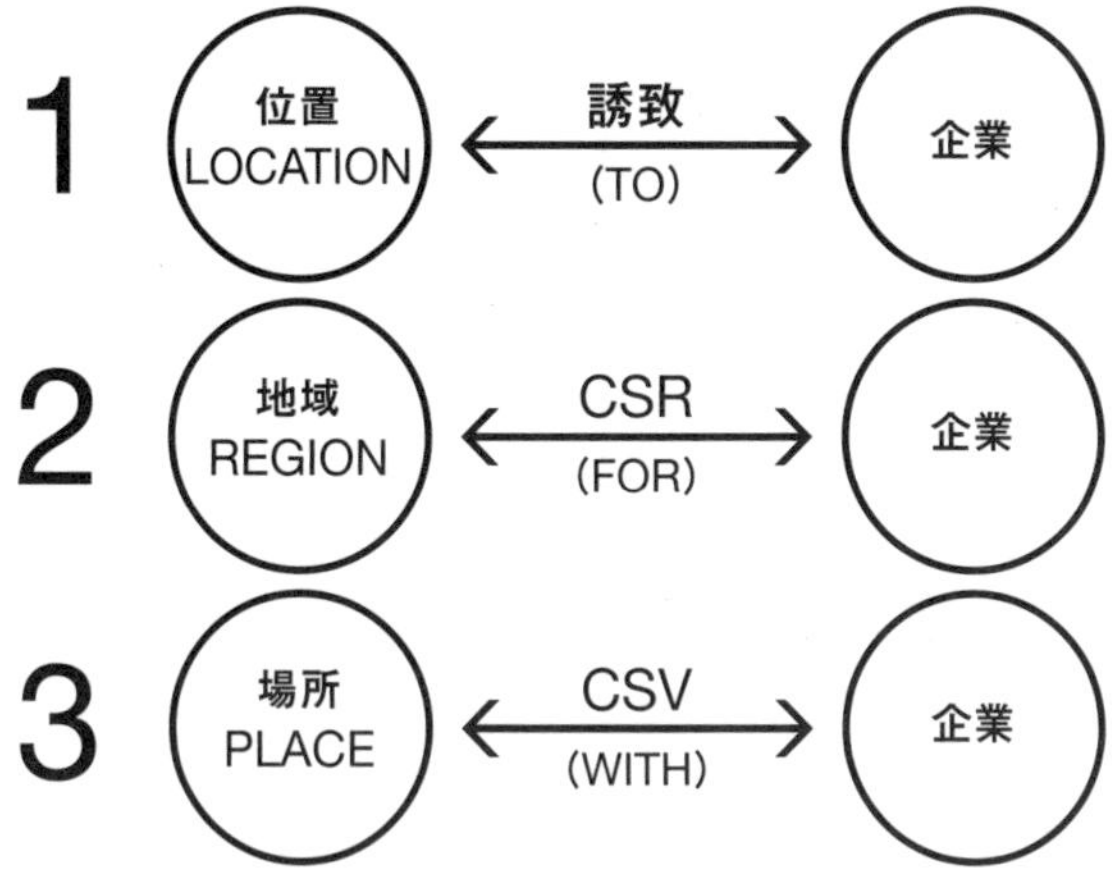

第2の型は、企業がその地を「地域」(Region)と見なしている場合である。地域社会に属する一員として、地域の人々や文化に対して貢献していこうという姿勢である。たとえば、文化施設の設立や地域市民に愛されるスポーツチームへの支援など、地域に根づき愛される企業をめざすことになる。

第3の型は、企業がその地を「場所」(Place)と見なしている場合である。地域に貢献するというよりも、本業を通じて積極的にプレイスに対して意味を見出し、企業の発展とともにプレイスが生み出されていく関係性を指す。したがって、プレイスの場合には、企業の所在地に関係なく、さまざまな企業との多様な関係性が生まれる可能性もある。

経営戦略論の大家であるポーターとクラマー(2011)は、これまで重要視されてきた「CSR」(Corporate Social Responsibility; 企業の社会的責任)から「CSV」(Creating Shared Value; 共通価値)へとシフトしていくと述べている。そして、CSVを「地域社会の経済活動や社会条件を改善しながら、自らの競争力を高める方針と実行」と定義している。これを類型に当てはめてみると、2の類型はCSRに、3の類型はCSVに対応しており、今後はますます交わりの舞台の中心に、CSVが組み込まれることが期待される。

3-5. 再構成されるプレイス

センス・オブ・プレイスに刺激されたアクターたちの活動によってさまざまなコンテンツ[1]が生まれていく。景観、建物、食、ものづくり、イベント、ライフスタイル、ファッション、スポットなど、そこでしか見られないもの、あるいは体験できないその場固有のコンテンツが含まれる。

それらはどのように構成されていくのであろうか。人文地理学において、プレイスとは「物理的要素」「実践」「意味」といった3つの要素で構成されていると議論されてきた（Cresswell 2014; Relph 1976）。なんらかの資産などの物理的な要素に対して、人々が実践し、それを通じてそこに意味が生まれていくという。その3つの組み合わせが時間的な経過の中で織物のように織りなされていったものが、プレイスなのである。

センス・オブ・プレイスに刺激されたアクターたちによってつくられたコンテンツは何らかの意味をもっており、それらの意味は多様であるが、「布置」としてひとつの意味空間として表出された場合、それがプレイス・ブランドとなっていくのである。

「布置」（コンステレーション）という言葉はユング心理学で使われる用語である。山中（1993）によると、コンステレーションとは、本来「星座」を指す言葉であり、まったく距離の異なる星が地球から見るとあたかも同一平面上で意味をもつように、元来、無関係ないくつかの事象が、互いにつながり、その内包する意味がみえてくることを指す。

1　コンテンツとは、狭義の意味では、映像、写真、文章などを指すが、ここではプレイスのもつ意味を伝えるモノからコトを含むアウトプットの総称をコンテンツと呼ぶことにしている。コンテンツについては、8章においても詳しく述べる。

3-6. 拡散するプレイス・イメージ

再構成されたプレイスは、次にイメージが拡散していく段階へと入っていく。そのためには2つの条件が求められる。

(1)「サイトスペシフィック・コンテンツ」
(2)「ストーリー編集力」

1つめは、「サイトスペシフィック・コンテンツ」の存在である。

「サイトスペシフィック」という用語は「その場固有の」という意味であるが、近年アート作品の文脈でよく使用されている。たとえば、「現代アートの島」として有名な直島は、コンセプトである「生きるとは何かを考える島」を体現する手段として、「サイトスペシフィック・アート」を採用しており、その場所でしか見ることができない作品をアーティストとともに創作している（電通abic project編、2009）。有名な作品として草間彌生『南瓜』がある。瀬戸内海が見渡せる桟橋につくられており、背景に広がる、まるでオブジェのような小さな島々とのコントラストが美しく、瀬戸内のシンボル的な情景をつくっている。多くの人がそこを訪れ、写真を撮り、ソーシャル・メディアで拡散することにより、直島のイメージが自走していくのである。

こうしたサイトスペシフィクなコンテンツはアートに限らず、「ポートランドのエースホテルのラウンジ」「しまなみ海道を駆けるサイクリング・シーン」など、プレイスのもつ意味世界を象徴するものであると同時に、そのプレイスでしか体験できないものも多く存在する。人々はそうした場所に訪れたことを人々に言いたくなり、口コミやソーシャル・メディアを通じて発信し、またそれらの情報を見聞きした人が行ってみたくなる。そうした循環によってプレイスのイメージや彼らなりの意味づけが拡散していくのである。

2つめは、「ストーリー編集力」である。

さまざまなコンテンツがソーシャル・メディア上で拡散したとしても、それはあくまでも「点」の情報で留まるが、それらの「点」がつながっていくことで、その背景となるプレイスの価値観や思想、そしてライフスタイルといった文脈が伝わっていくのである。こうした編集は、さまざまな人々によって行われる。地元に根ざした視点で編集された「ZINE」と呼ばれるようなローカルな小冊子や、優れた編集者による記事やガイド本、アーティストがつくる写真集や、映像クリエイターがつくる動画などによるイメージが、地元メディアからマスメディア、そしてソーシャル・メディアを通じて流通するのである。また編集力という観点で重要なのは、デザイナーやコピーライターといった狭義のクリエイターの存在である。彼らの一見バラバラにあるものを「言葉」や「絵」にする力は、捉えどころのないプレイスの世界観を生み出す原動力となっていく。

こうした優れた「ストーリー編集力」がそのプレイスのもつイメージを流通させ、さまざまな人々のセンス・オブ・プレイスを刺激していく。それがきっかけとなって交わりの舞台に関わっていこうと思う人々を増加させ、そこに新たな意味が生み出され、常にプレイスは再編成されていく。プレイスがブランド化するということは、そのプレイスの名前とリンクした情報の総量と継続性にかかってくるのであり、そのためにキャンペーン発想ではない、「サイトスペシフィック・コンテンツ」の創造と「ストーリー編集力」が求められるのである。

3-7. グッド・プレイスになりうるか

以上、プレイスがどのようにして形成されるのか、その流れをみてきたが、1つの問題は、以下のような要素によって、プレイスはgoodにもbadにもなりうるということである。

・どのように意味づけされるのか。
・どのようなアクターたちが交わるのか。
・どのようなコンテンツが生み出されるのか。
・どのように意味がつながっていくのか。

たとえば、表層的なプレイスの意味の解釈が行われ、効率主義の経営を志向する企業が存在し、閉鎖的な利害関係に基づく意思決定によってプレイスが形成される場合と、アクターたちの創造的なプレイスの意味づけによる活動と、地域とともに成長しようとするCSV志向の企業が存在し、それらの偶発的な交わりの中でプレイスが形成される場合とでは、プレイスのあり方が変わってくるだろう。

もう1つの問題は、マネジメントが可能な

のかどうかということである。プレイスとはそれぞれの個人のもつ主観的な意味空間であると同時に、単一のアイデンティティはなく、常に変化していくものである。プレイス・ブランディング・サイクルで再認識されるのは「つながり」の大切さである。それも必然的なつながりというよりも、自然発生的で偶発的なつながりである。むしろアイデンティティを固定化するマネジメントよりも、「人と人」「モノとモノ」「意味と意味」といったさまざまな「つながり」を誘発する装置としての役割が求められるのではないだろうか。

以上のような問題意識をもちつつ、次章以降において、導出されたプレイス・ブランディング・サイクルを手掛かりに、実際のプレイス・ブランディングの事例を検証していく。

事例編 / CASE STUDIES

④

ポートランド：
自分らしい生き方を求めて

PORTLAND—
FIND YOUR
OWN WAY OF LIFE

4-1. 再出発を図る若者たち

オレゴン州ポートランドは自然との距離が近く、食は豊かで人々は気さくである。ここに集まる人々との交流はクリエイティビティに刺激を与え、訪れた人々に再訪を誓わせる。街角の公園、広めにとられた街路、カフェやブルワリー、ファーマーズ・マーケットにDIYショップ、ホテルのラウンジ。町に交流の舞台があふれ、センス・オブ・プレイスが交差して、さらなる膨らみをもたらす。

近年、多くの若者がこの街での暮らしを望む。さらに若い起業家、女性の起業家の割合がアメリカの中で最も高いといわれ（ジョンソン、2007）、世界の人々の暮らしを彩るような製品を生み出している。中には憧れだけでこの街へやってきて仕事にありつけず、高まるクラフト・ムーブメントにただ乗りをして粗雑な製品を作り、法外な値段で販売する者もいることは否めない。けれども、この街で起こっているクラフト・ムーブメント、プレイスのあり様は日本、そして世界の若者の閉塞感を打破するエネルギーをもっている。

リーマンショック以前のアメリカは、大学を出て大企業で働くことを志向し、仕事は仕事として割り切って生活をしていた人が多かった。さらに、物品購入に喜びを求め、ク

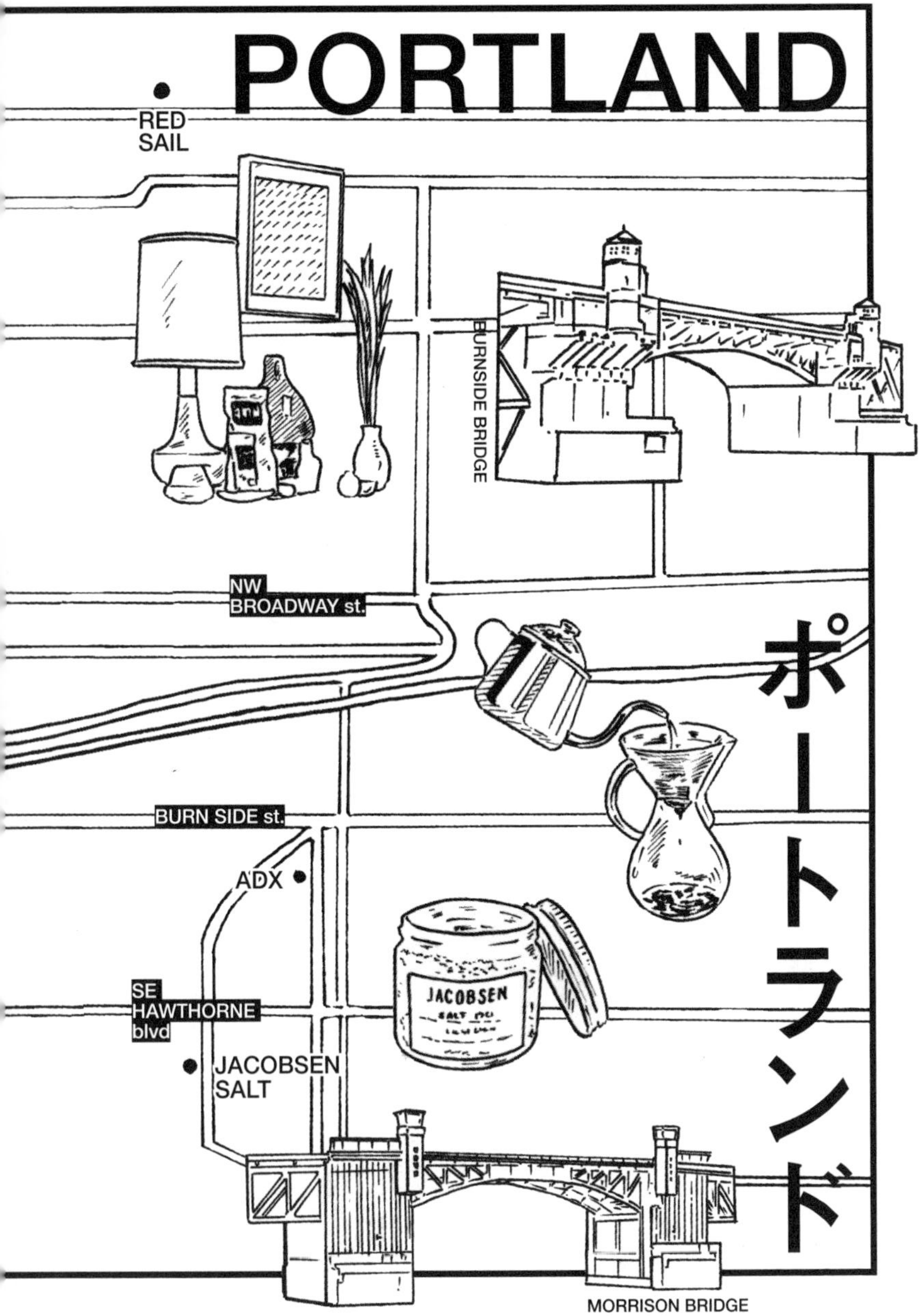
PORTLAND
ポートランド
RED SAIL
BURNSIDE BRIDGE
NW BROADWAY st.
BURN SIDE st.
ADX
JACOBSEN
SALT
SE HAWTHORNE blvd
JACOBSEN SALT
MORRISON BRIDGE

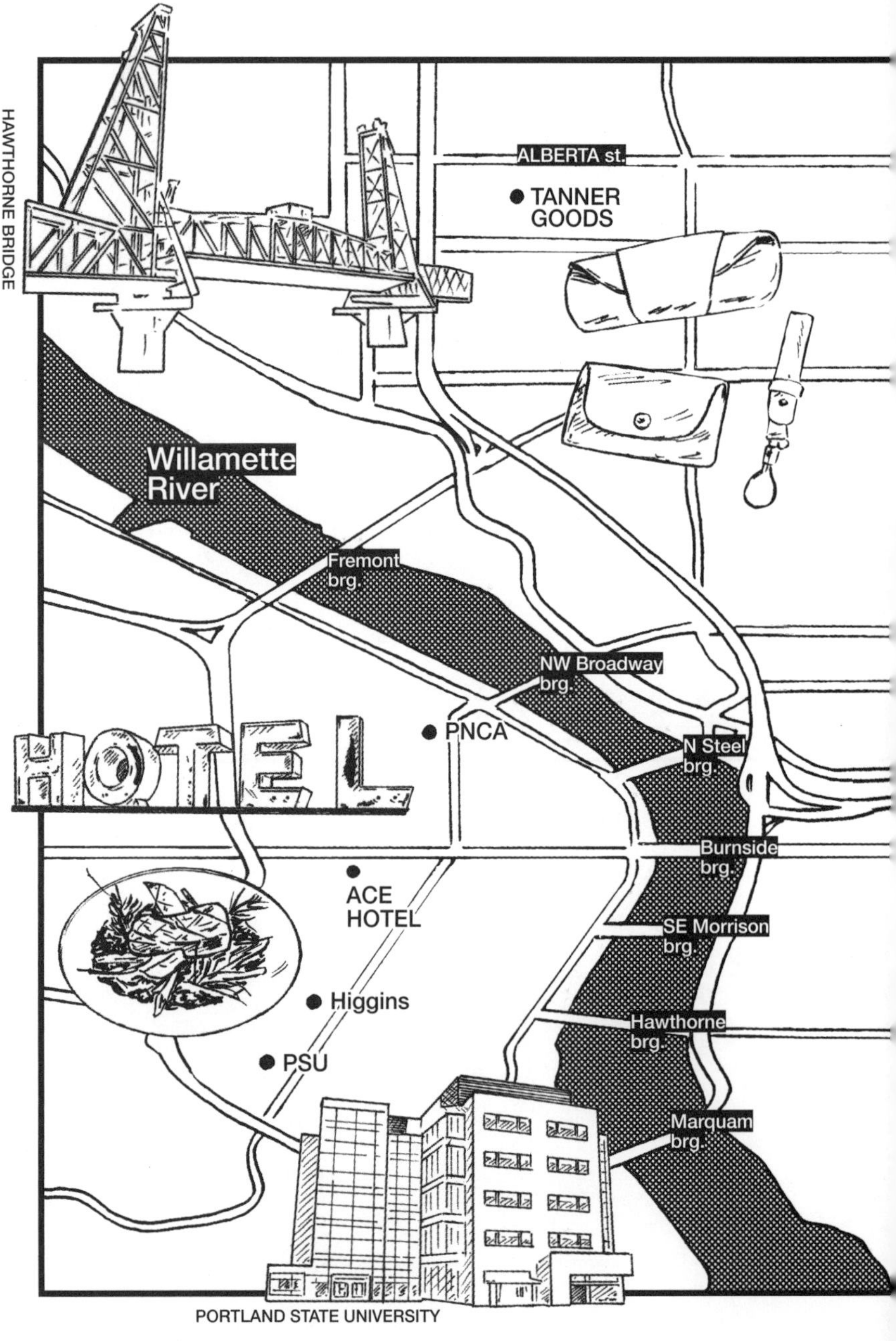

HAWTHORNE BRIDGE

PORTLAND STATE UNIVERSITY

レジットカードの分割払いによる消費生活に重きを置く傾向にあった。しかしリーマンショックの後、とりわけ若い層には自分の人生を再評価し、不景気を人生の移行期とみて、再出発を図る人たちが少なくない。彼ら、彼女らは日々の恵みや温かさを感じることを大切にし、「今ここ」に意識を置く。将来に保証がもてないのであれば自己投資をして、自分の人生を自分で切り開いて生きていきたいと願う。そう思う若者たちは自分自身のブランドを作り出すことによって、閉塞感を乗り越えようとする。そのプロセスを通じて他者とのつながりを再認し、「志を同じくする人々」(like-minded people) との関係性を育み、人生を謳歌している。今のアメリカにはそのような文化資本主義 (cultural capitalism) ともいえるムーブメントがそこかしこで起き、ポートランドもその震源地の1つである。

私たちが現地で会った起業家たちは、必ずしも順風満帆な事業経営をしている人ばかりではなく、従来のアメリカン・ドリームを体現していないかもしれない。けれどもその顔に悲壮感はなく、誇りと愛着をもってポートランドの魅力、そこで育んできた事業について明るく語ってくれた。彼らは学歴も高く、かつては大企業で働き大金を手にしていた者も少なくない。しかし今はそれらを手放した。大都市での殺伐とした暮らしや没人格的な仕事のあり方に疑問をもった若者たち。リーマンショックの衝撃も手伝ったかもしれないが、おのずからこの街での暮らしを選択した。

自然との日常的なふれあい。家庭生活との両立。他者をおとしめるのでなく、必要とあれば手を差し伸べる健やかなコミュニティ。若者たちはそれらを慈しみながら、自分の手の届く範囲で自分の居場所や仲間を見つけ、彼らとゆるやかに協働し、自分の思いを形にすることで自らを取り戻し、自律した存在になっている。このような若者たちの姿に触れ、私たちはポートランドを「若者が自分の思いを形にしている街」と見立てるのである。

本書ではそのプレイスの構造に迫り、そこで広がるムーブメントを読み解きたい。手始めにポートランドの概観をつかんでいこう。[1]

1　ポートランド市におけるプレイス・ブランディングの実態を調査するため、2016年5月22日から28日に現地に入りインタビューを行った。事前に現地情報をつかむため、PDX Coordinator社長で女性起業家の山本弥生氏、メディアサーフコミュニケーションズ株式会社の松井明洋氏にインタビューを行った。

4-2. 若者はポートランドをめざす

ポートランドはアメリカ北西部に位置し、

市の人口は2015年推計で約63万人、周辺都市を含めた都市圏人口は約239万人のオレゴン州最大の都市である（アメリカ国勢調査局より）。アメリカ西海岸には、オレゴン州の南に位置するカリフォルニア州にロサンゼルスやサンフランシスコ、北のワシントン州にシアトルという有名な大都市圏があり、ポートランド市はその間にひっそりと位置してきた。

1970年代には西海岸のヒッピーがこぞってオレゴン州に移住し、ポートランドでは「ヒッピーのリベラルなライフスタイルが土着のレッドネック文化や開拓時代から続くDIY精神、個人主義と結びついたハイブリッドな社会」（スペクテイター編集部、2015、82頁）が生まれた。このところ、自然環境に配慮したコンパクト・シティのまちづくりが評価され、「全米で最も住んでみたいまち」（2011年：American Institute for Economic Research）、「全米で最も環境に優しい都市」（2012年：Travel & Leisure）、「全米で最も持続可能な都市」（2013年：Movoto）、「全米で35歳以下が最も暮らしやすい都市」（2013年：Vocativ）などに選ばれ、世界的に注目を浴びている。

近年では若者を中心に400〜500人の移住者を毎週迎え入れているといわれる（馬場、2014）。アメリカ・センサス・データによると、1980年代から人口が増加する中で、その予測データをもとにしたここ5年間の人口増

図4-1　ポートランドの人口推移

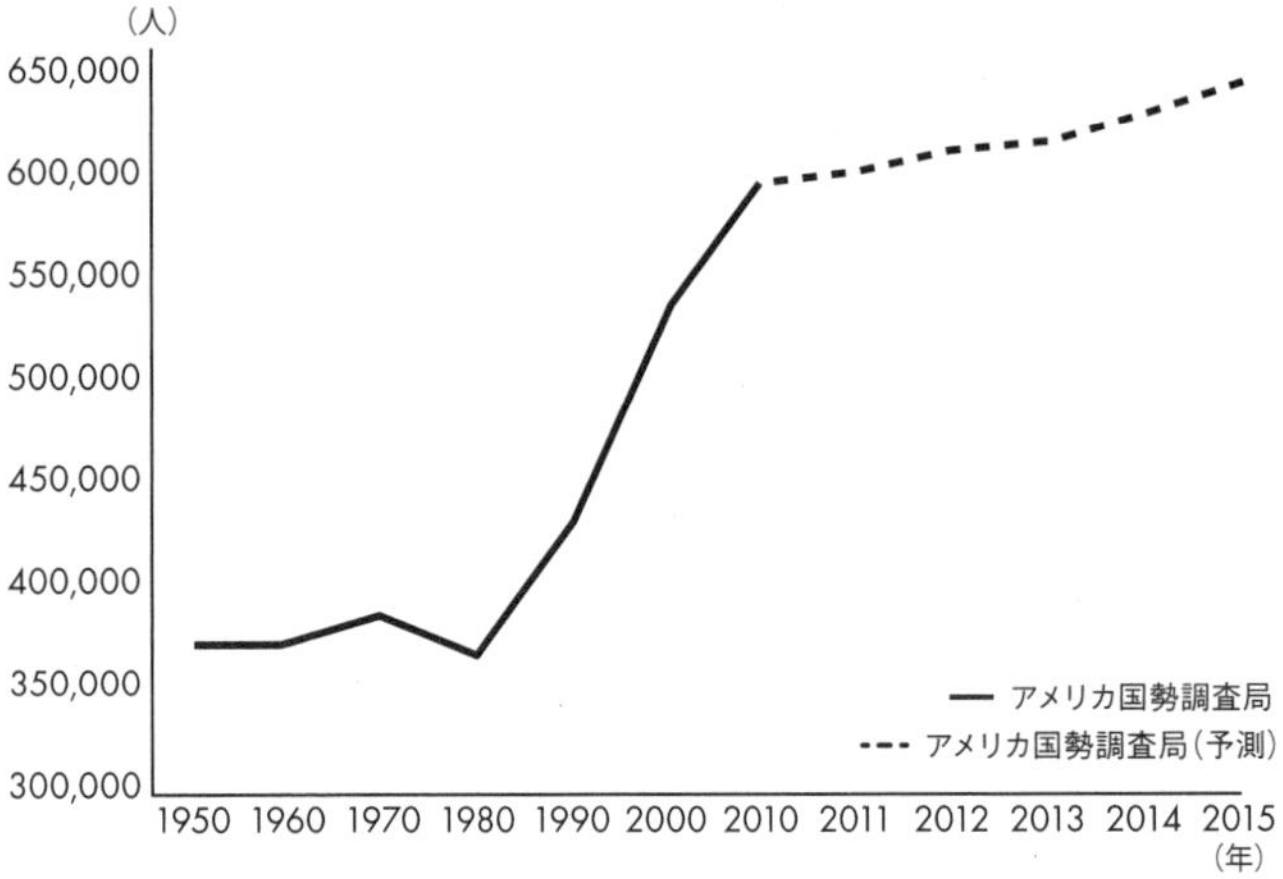

加率は102%となっており、コンスタントに人口が増加していることがわかる（図4－1）。

人々がこの町に移り住む最大の理由は、ポートランドにおける生活の質（quality of life: QOL）であるといわれる。Jurjevich & Schrock（2012）によると、ポートランド都市圏ではとくに高等教育を受けた若者の移住が特徴である。都市と自然の共生、ローカル志向の高さは、リーマンショックが引き金となったアメリカ人、とりわけ若者の意識変化と適合し、多くの移住者を惹きつけているといえるだろう。日本でポートランド・ブームを起こしたといわれる『創造都市ポートランドガイド』では、ポートランドの

QOLを以下のように説明している。

「ポートランドではアメリカの都市で体験できる文化、食、雰囲気が全て楽しめますが、他都市と際立って違うのが周囲の環境です。森に囲まれ、清流が流れ、雄大な山々を背景にした街。この街はインディペンデントでクリエイティブな精神に溢れ、土地とのつながりを大切にする人々が住んでいます。ポートランドで都市生活を楽しみ、ワインカントリーやマウント・フッド、コロンビア川渓谷をめぐり自然に浸る。都市と自然の絶妙なバランスがあります」(黒崎ほか、2015、8頁)。

ポートランドの優れた都市政策、コミュニティの質の高さは数々の研究で取り上げられてきた(Berry et al. 1993; Putnam 2000; Healey 2010)。産業論の文脈において、中村(2004)はポートランド市の生活の質の高さが、同市の知識経済の発展に重要な役割を果たしていることを指摘している。2000年代初頭では、インテルをはじめとしたポートランド都市圏のエレクトロニクス有力企業が競争力をもつ技術分野に専門特化することで、多数の中堅中小企業が続々と生まれ成長し、金属やプラスチックなどの関連供給産業の集積を導き、ハイテク産業のクラスターが進化したと分析する。さらに近年では、ライフスタイル分野での起業が目立つ。Wolf-Powers et al. (2016) の調査では、自然に配慮した環境、公益を意識した企業群というポートランドの評価が、起業に影響していると指摘する。次節ではさらに、ポートランドの構成された意味を街の形成過程とともに確認していこう。

4-3. まちの変容と意味世界の広がり

1851年に市として誕生したポートランドは、肥沃な土壌と河川に恵まれて農産物や材木の輸出中継地として栄えた。急速な発展によるインフラ整備により、木々は切り倒されて街の至るところに放置された切り株が目立った。ゆえにポートランドはスタンプ・タウン（stump town）と揶揄された。当時としては侮蔑の意味あいであったこのニックネームも、今ではサード・ウェーブのカフェや人気のある活版印刷所の名前に冠されている。

農林業で礎を築いたポートランドは、20世紀に入り工業化の波に乗る。街の中心部を流れるウィラメット川沿いには、鉄鋼所や造船所が次々と建てられ発展を遂げた。第二次世界大戦期には貨物船の製造拠点となり、港湾労働者を引きつけてポートランド市の人口も急増したのであった。急激な経済発展は往々にしてプレイスに歪みをもたらす。

モータリゼーションも手伝い、宅地開発が進み、道路は街の外へ外へと伸びていく。大気汚染や過度の発展により、ポートランドのダウンタウンは荒廃しドーナツ化現象に至った。ウィラメット川も工場排水によって汚染され、人々にとって親しめる存在ではなくなっていた。

行き過ぎた開発に市民は不満を爆発させる。1960年代に入ると、市民運動は激しさを増した。その影響によってジャーナリスト出身の若きマッコール氏がオレゴン州の知事となり、環境保護政策を打ち出していった。その後、社会活動家であったゴールドシュミット氏がポートランド市長に選出された。ポートランド市は州と協働しながら健やかな自然との架橋を取り戻すべく、持続可能な都市づくりへと舵を切ったのであった。

自然とおりあいをつけた成長

ポートランドがコンパクト・シティ政策として注目されるようになったのは、1973年に制定されたオレゴン州の土地利用法とそれに続く土地利用計画による。地域政府であるMETRO[2]は長期間にわたる人口予測をもとに、都市（開発地域）と農村（保全地域）を分ける都市成長境界線（Urban Growth Boundary: UGB）を設定している。[3]これにより、UGB内に開発あるいは都市化を集中させる一方で、UGB外では森林と農地など自然環境を保護するため、それ以外の目的での開発を厳密に制限している。このようにオレゴン州の土地利用計画はQOLと自然環境の保護に重点を置いた規制的性格に基づいている（中村、2004）。健やかな農業の育成にあたっては、ポートランド市がゾーニング・システムを導入するとともに、CSA（Community Support Agriculture; 地域支援型農業）を推進し、都市農業（urban agriculture）を発展させ、市民に農業や地産品を身近なものとさせた。オレゴン州農務局もオレゴン産の農業生産物の育成に努め、市民が地産物を口にする機会を増やし、健康向上と経済効果を生み出している。

1979年に設定されたUGBにより高密度開発が集中的に推進される都市化地域と規制・保存されるべき農村・自然環境地域が明確に区別された。[4] 当時、アメリカでは州間高速道路沿いの都市や郊外・衛星都市の開発が進み自動車の利用が増加していく中で、多くの地域で中心都市の衰退を引き起こしており（いわゆるスプロール化現象）、このような時代においてオレゴン州とそれを構成するポートランド市の都市計画は異質なものだった。

ポートランド市はこの枠組みのもとで、都市計画策定の過程に市民参画を貫きながら、ライト・レール（新型路面電車路線）の導入やダウンタウンの運賃無料ゾーンの設定[5]など、公共交通の整備を地域発展の戦略手段に位置づけ、自動車依存の程度を減らしてきた（中村、2004）。その中心的コンセプトが「Twenty-minutes community」、すなわち衣食住が「20分圏内」で完結できるようなまちづくりである。たとえば、ポートランドの中心市街地の街区は1ブロックが200フィート（約61メートル）となっている。これはアメリカの平均的な街区の半分といわれ、これが街中の歩きやすさを生み出している。また、建物の一階は店舗やギャラリー用途に制限される。これらの配慮により、車に依存した生活ではなく、地域の人々とのコミュニケーションが生まれ、街歩きがさらに楽しめるような工夫がなされている。

2　ポートランド市都市圏の住民による投票で選ばれた議員によって運営される特別地域政府。公園の手入れ、ごみ処理の管理とリサイクル、公共交通システムの調整などを執り行う。都市計画機構を担う組織としては、アメリカ唯一の選挙民に承認された自治憲章をもつ。

3　オレゴン州が採用したUGBの設定による都市成長のマネジメントは、1997年以降、カリフォルニア州の11都市でも採用され、メリーランド州やニュー・ジャージー州の都市にも影響を与えたとされている（中村、2004）。

4　UGBは5年ごとに見直される。

5　ダウンタウンにおける運賃無料ゾーンは、初期の役目(自動車社会からの積極的な転換)が終わったことと財政難を理由に、2012年から有料化されている。

荒れ地は真珠へと変わった

その成功事例といわれるのが、パール地区（Pearl District）の再開発である。ポートランドの中心街の北西部に位置するパール地区は、大手鉄道会社の貨物の倉庫基地であったが、鉄道事業の縮小に伴って荒廃し、30年近く忘れられた地域となっていた。しかし、1980年代に入り、地元のディベロッパーがニューヨークのSOHOのようにロフト物件として再整備し空間提供を始めたのである。アトリエとしての使いやすさとコストの安さからアーティストが移り住むようになり、アーティストたちのコミュニティが誕生した。その雰囲気はクリエイティブ層をさらにひきつけた。Ziba Design社[6]が1984年に、ナイキやユニクロの広告を手がけてきた世界的広告会社であるワイデン＋ケネディ社が88年にパール地区へ移転した。これにより、パール地区のクリエイティブ性が高まっていく。

1994年、地元のディベロッパーであるホイト社（HOYT）がパール地区に広大な敷地を取得する。同社はポートランド市との間で同エリアの共同開発に関するPPP (public private partnership）を締結し、次々に開発を進めた。これが呼び水となって同地区での不動産開発が活発になり、現在ではおしゃれなアート・ギャラリーやカフェ、レストラン、ファッション・ブティックなどが立ち並ぶ人気地区となった。

１９９８年にはポートランドの美術系学校であるPNCA（Pacific Northwest Collage of Art, １９０９年創立）がパール地区に移転してくる。PNCAはファイン・アートにとどまらず、「創造的実践」(creative practice）を意識し、一般教養やコンピューター・サイエンスの教育、さらにはアートやデザインを活用した社会課題の解決の実習を行っている。それにより自然とアートやデザインを志す若い学生がパール地区に溢れ、地区のクリエイティブな雰囲気がさらに高まることとなった。[7] PNCAの教員たちへのインタビューによれば「PNCAはパール地区に多数存在するアート・ギャラリーとのコラボレーションにより、同地区の芸術文化を向上させ、アート発信のハブとして機能している」という。

他方、ホイト社の創業メンバーであるホーマー・ウィリアムスは、自身のセンス・オブ・プレイスを発揮した開発をこう振り返る。「我々はここをアーバンネイバーフッドと呼んでいる。それは都市の高層ビルや喧噪、文化的刺激に囲まれた小さなコミュニティを指す。従来の（郊外の）ネイバーフッドの親密さ、気安さを残しながら、顔ぶれが固定化してしまう閉鎖性やベッドタウンの牧歌的なのどかさを排除したといえる」（吹田、2010、36頁）。これを独りよがりとせずに、ホイト社は市役所や地区の人々、ショップ・オーナーと協議を重ね、アーバン・ネイバーフッドを顕現させていったという。

　パール地区発展の契機はディベロッパーによる開発であった。けれども、1人ひとりの住民たち、アーティストやデザイナーの活動を含めて意味世界は醸成され、布置として表出されていることが窺える。

6　ポートランドを本社とするデザイン会社で、マイクロソフトやGEをクライアントにもつ。

7　PNCAは規模拡大により、2015年3月に隣のオールドタウン地区（Old town District）に移転した。

エースの登場

　その後、シアトルで話題となっていたエースホテル（Ace Hotel）の2号店が2006年にパール地区のはす向かいで開業する。エースホテル・ポートランドは築90年の老朽化したホテルをリノベーションしたもので、内装デザインは地元のアーティストやPNCA

の学生、地元の資材などを最大限活用した。その高いデザイン性とローカルを優先するエシカルな姿勢により、瞬く間にポートランドのアイコン的存在となった。とくに、1階のロビーラウンジは、同ホテルのコンセプトである「地域コミュニティのハブ」として、観光客だけでなく地域の人たちに気軽に利用され、象徴的な場所になっている。

エースホテルの共同所有者であった故アレックス・カルダーウッドとともに、エースホテル・ポートランドの設立に携わったライアン・バクスタイン（Ace Hotel Group, Vice President of Brand, インタビュー当時Chief Cultural Engineer）は言う。

「エースホテルは2016年時点で9カ所のホテルが稼働している。いずれも特徴を有し、1つとして同じデザインではない。ぼくたちはその街を象徴する物でホテルを満たす。街の特色とニーズによって各デザインを変えること、変化を取り込みながら新規性を追求し続けることにフォーカスを置いているんだ」。これはホテル業にとっては挑戦である。従来の多店舗展開のホテルはマネジメントの観点から、どこにいっても同じ造りやスタイルを提供している。エースホテルはその逆をいく。この「地域らしさをすくう」という方法はポートランドの物件で偶然に編み出された。

「実はポートランド出店時のエースホテルにはまだ十分な資金がなかった。だからみんなで知恵を絞って古材を使用し、足を使って中古の家具を見つけ出し、高価な絵画を飾る代わりに地元アーティストに壁画を描いてもらったんだ。地域の人々とコラボレーションをしながら、まるでDIYのようにエースホテルを設《しつら》えたと言っていいよね」。

エースホテルの面々はポートランドのセンス・オブ・プレイスを、プロセスとその集合体と捉えていた。千差万別でさまざまなスタイルのデザインがあり、多種多様なリソースによって、各デザイナーが自分の知恵を使ってコンテンツを生み出す。資金難という事情があったとはいえ、そのような認識があったからこそ、個々のアクターのクリエイティビティとコミュニティを尊重し、融合させることに意識を向けた。それが今でも、エースホテルをクリエイティブが交わるプラットフォームとさせ続けている。

クリエイティブ・ハブ

パール地区の再興、エースホテルの登場も手伝って、ポートランド市はDIY文化の中心地として人々に認識され、ポートランド・クラフトマンシップが喧伝されるようになった。ポートランドはZINE（音楽やアート、写真のファンが自主的に発行する同人誌や冊子）の制作・印刷・販売の一大拠点となっているだけでなく、UGBによって近郊に豊かな農地があるため、地産地消のローカル・レ

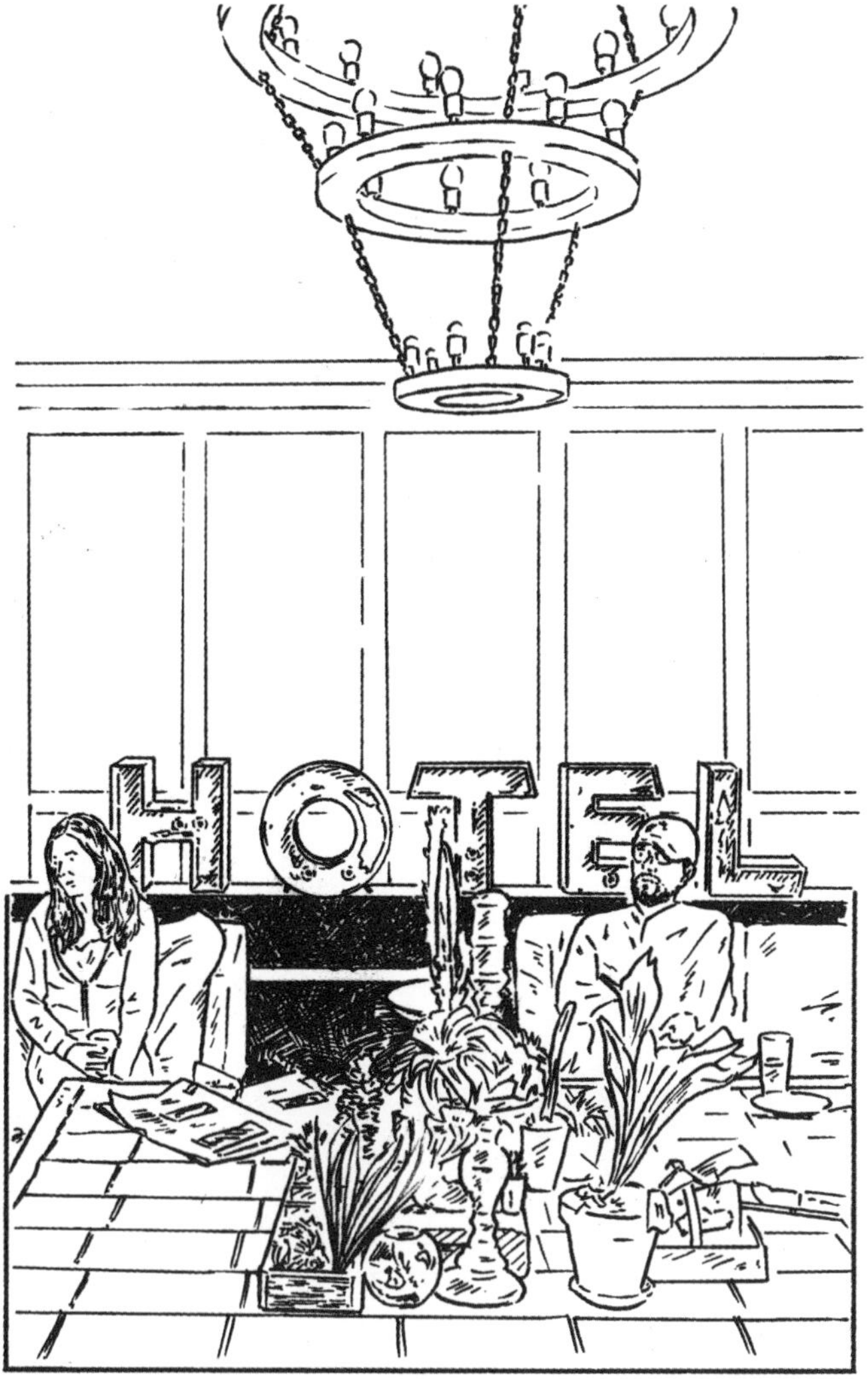
HOTEL

ストランながら全米で評価される店も多数あり、そのオーナーの多くはニューヨークやサンフランシスコからの移住者であるともいわれている。その他にも、アメリカで最もクラフトビールの醸造所が多く、スターバックス発祥の地であるシアトルに次いでコーヒーショップが多いとされる。ポートランドは何かを作り上げる街として、そのクラフトマンシップが重要なプレイス・イメージの1つとなっており、さまざまなコンテンツが芽生えている。

こうして独自の文化を形成していったポートランドは、既存のアメリカ的なライフスタイルと対照的な街であり、若い人たちがリタイアする街として揶揄されてきた。しかし、ポートランドへの若者の移住について調べたJurjevich & Schrock（2012）は論文の結論で、次のように述べている。"Young people do not come here to retire, but do not come here to get rich either." すなわち、ポートランドへの移住を志すアメリカの若者たちは、典型的なアメリカン・ドリームとしての立身出世をめざすのではなく、自らを取り戻し自分の思いを形にするためにポートランドへ移住しているといっていい。それは2008年のリーマンショック以降、さらに大きな動きとなっているようである。ポートランドはまさに今、クリエイティブ・ハブとして顕現している。

次節からはポートランドを躍動させている

クラフト・ムーブメントに焦点を絞り、議論を進めていく。

4-4. ポートランドのクラフト・ムーブメント

アーティザン・エコノミーとポートランド・メーカーズ

近年、ポートランド市にはクラフト分野を中心とした工房（メーカーズと呼ばれる）が集積しつつあり、アーティザン・エコノミーとして注目されている。アーティザン・エコノミーは、フォーディズムや画一的なグローバリゼーションへの抵抗として、ポートランド、ニューヨーク、北カリフォルニアといったリベラルな地域で芽生えつつある。この経済圏のメンバーを自覚する人々は、稼ぐことよりも自分の力を発揮することに重きを置く仕事観をもつ。そのため起業後も大企業への転換はめざさず、中小企業であることをよしとする。その製品はハンドメイドにより、本質への強い意識やセンス・オブ・プレイスが反映されている。

ポートランドでは木製のiPhoneケースで有名なGrovemade、素朴な革製品を作るTanner Goods、味わい深い活版印刷の

Stumptown Printers、Renovo Hardwood Bicyclesといった自転車工房などが代表である。さらに食の分野も活況を呈している。ポートランド市内でも50軒以上のクラフトビールのブリュワリーがあり、夕方ともなると人々はそれぞれの味を楽しんでいる。コーヒーの愛好家が全米でも多いといわれるポートランドは、サード・ウェーブ・コーヒーの一翼を担っている。Coava Coffee Roastersに代表されるように多くのコーヒー・ロースターはシングル・オリジンを追求し、農家と消費者をつなぐことに心を砕く。これらの多くはスモール・ビジネスの形態をとっており、「ポートランド・メイド」（Portland Made）としてた国際的にもブランドを確立しつつある（Heying et al. 2016）。

ポートランド・メイドとは、ポートランドの地での小規模な製造にこだわったメーカーたちが、自分たちの製品をブランディングし、ポートランドを越えて全米から世界に向けてプロモーションしていくために、メンバーたちをサポートするメーカーズの集団である（Heying & Marotta 2014）。彼らは個々のメーカーズでは補えない製造やマーケティングに関する知識やスキルをはじめとするさまざまなリソースを共有し、助け合いながら、自分たちの工房を運営している。

以下では、ポートランドのアーティザン・エコノミーの動態調査（Heying 2010: Heying & Marotta 2014; Heying et al.

2016)、調査を行ったポートランド州立大学のヘイング博士と研究室メンバーに実施したインタビューから、ポートランド・メーカーズの実態を紹介する。

ポートランド・メーカーズの実態

ヘイング博士らは、ポートランドでメーカーズのための共同スペースを運営するADX[8]に登録している企業オーナーなどを対象に、アンケート調査とインタビュー調査を継続的に行っている。それによれば2014年には126名だったメーカーズは、15年には342名と急激に増加している[9]。博士らの推測によると、2015年には2361人の雇用が生まれ、産業規模は3億1600万ドルである。ポートランド・メーカーズのものづくりは多彩で、オーガニック石鹸、活版印刷、古材使用家具、ロボット、ジュエリーやギフトボックス、Tシャツ、バッグ、本に至るまで多種多様なものを扱っている。その年間売上は2万ドル以下のメーカーズが31%と最も多く、次いで1000万ドルから5000万ドルを稼ぐメーカーズも29%存在し、収入においては二極化の傾向がみられる。その最大の理由は、若いメーカーズが多いことであると考えられる。調査に協力したポートランド・メーカーズのうち創業から10年経たないメーカーズの割合は83%で、2年以内の創業が31%という結果は、この動きが最近のものであることを裏づけている。彼らの売上のうち、ポートランド都市圏での売上が半分を占め、33％は全米市場で、6％は海外市場である。多くはローカルへの志向性をもつものの、少なくないメーカーズは海外でのチャンスも求めていることが窺える。

これまで共有してきたように、ポートランドのメーカーズには共通の性格が見受けられる。多くのメーカーズは今後も10人程度の規模を維持し、大企業を育てたいというよりも起業家であるオーナー自身の目の届く範囲でビジネスを行いたいと考えているようである。『スペクテイター』誌が特集したポートランドのメーカーズへのインタビューは、そのことを物語る。

「これくらいの規模のほうが従業員もハッピーだと思うんだ。（中略）うちのスタッフは全員がホームブリュワーあがりで、ビールづくりが大好き。それでビール会社をはじめたんだ。生産量を増やしていくうちに楽しさが失われ、気づいたら工場で働いているだけ、みたいにはしたくない」（UPRIGHT BREWINGへのインタビュー：スペクテイター編集部、2015、68頁）。

「お客さんの居心地がよくて地域の核になるような人が集まる店にしたかったの。現代社会では人間的なふれあいが大切だと思うからね。（中略）店を大きくするときに気をつけるのは、スタッフや家族がどう受け止めるか。拡大することで私たちが大事にしてきたことが台無しになったら意味がないもの」（PIP'S ORIGINAL DOUGHNUTSへのインタビュー：同、102頁）。

「私の人生のモットーは一言でいうと『軽い資本主義』（capitalism light）ということね。アメリカンドリームのとても好きなところは、自分の力で自分の生活を立ち上げるところ。嫌いな面は、なんでも規模を大きくするせいで、人間性が失われがちなところ。がつがつ成功を追い求めるより、村レベルくらいの成功でいいわね。私が大切に思っていることは人生でのバランスのとれた成功。お金をもうけるだけじゃなくて、生活が楽しいかとか、時間の過ごし方とかも含めてね」（同、108頁）。

このような性格は顔の見える関係を重視していることからも窺える。彼らはポートランド中心部の立地を好み、地元でのものづくりを強く望んでいるという。これは産業集積のメリットもさることながら、都市部の交友関係とアフターファイブの友人との交流を大切にしているためでもある。必要があれば同じビルや近隣のメーカーズと協力することも多い。信頼が高まると、できる限りの範囲で商品のコラボレーションをめざす「ギルド・モデル」が見受けられるのも、この街のメーカーズの傾向である。志を同じくする者であれば、同業であっても新規参入者は競合ではない。Coava Coffee Roastersは出店間もないころ、機械トラブルや人手不足で店が回らなくなったことがあるという。それに手を差し伸べたのは、先行するStumptown Coffeeであった。Stumptown CoffeeはCoava Coffeeを競合ではなく、ムーブメントを躍進させる仲間と見立てたのだろう。

ポートランド・メーカーズは市場を人と人とを結ぶ場と認識する。自分たちのプロダクトを通じて人々が交わることを楽しみ、啓発されることを誇りに思う。行き過ぎた自由主義経済が辿った負の側面に足を突っ込まぬように、他者とのコミュニケーションを取り戻しながら、地に足を着けて人生を楽しんでいる。

他方、ポートランド・メーカーズは、そのデザイン性の高さにも定評がある。オレゴン州ポートランド近郊にはインテルをはじめとするハイテク会社やナイキに代表されるスポーツ用品メーカー、コロンビアに代表される多数のアウトドア用品メーカーが存在する。これにより、高等教育を受けてきた商業デザイナーやエンジニア、クリエイターが多数移住してきた。このことが、ポートランド製品のデザイン性の高さにつながっているのではないかといわれている。さらに彼らの中にはスピンアウト、ないしは副業という形で起業する者も多い。

その他に、ポートランド・メイドのイメージを高めたものとして、ヘイング博士らはインスタグラムの存在を指摘する。起業間もないポートランド・メーカーズの多くは無料で海外にも広くイメージ発信できるインスタグラムをマーケティングに用いて、自分たちの製品のプロモーションを行っていた。そのことが結果的にポートランド・メイドのブランディングにつながったのである。ポートランド・メーカーズが商品のプロモーションで用いるデザイン性の高い画像に検索用キーワードである#(ハッシュタグ)が組み合わさることで、ポートランド・メイドそのもののデザイン性の高さやセンスのよさをアピールすることになり、ポートランド・メイドに付加価値が付くようになったのである。

以上のように、ポートランドにおけるアーティザン・エコノミーはクラフト分野を中心とするメーカーズの集積であり、デザイン性の高さを担保するポートランド・メイドを付加価値に、小規模ながらも地に足の着いたビジネスを行っているのである。

8
ADXはケリー・ロイ氏によって創設されたメーカーズのための共同スペースであり、有料メンバーになることで工作機械やコンピューター、工具、その他のツールを共同で利用することができる。また、定期的にワークショップを開催しており、メンバー間でのスキルやナレッジの共有がなされている。

9
2016年5月に行ったヘイング博士らへのインタビューによると、16年に行われた調査結果の速報では約500人になっており、ポートランド・メーカーズは着実に増加していることがわかる。

4-5. クラフト・ムーブメントを創発する舞台と織りなし

さまざまな主体がポートランドを形作ってきた様子を描写してきた。ポートランドの意味世界を構成する主体は多様であり、人々が交わる舞台も星の数ほどある。ここではその一部をすくい取り、人々が共在してサイトスペシフィックなコンテンツが生み出される姿を追っていく。

学びという舞台

グラフィック・アートによって復興したアルバータ地区（Alberta District）。色彩豊かな壁画を通りのあちこちで目にすることができる。地元のアーティストの作品を取り上げるのに積極的で、小規模のギャラリーやブックストアが軒を連ねる。これから店を立ち上げようという若者たちが、自分たちの手で店舗を装飾している姿にも出会う。あたかもホームパーティを準備するようなその姿は、見ていて微笑ましい。そのメイン・ストリート沿いにアクセサリーや小物雑貨、ギフト用品を取り扱う小売店Red Sailがある。クラフト・ムーブメントのインディペンデント・デザイナーや中小ブランドのみを取り扱い、メーカーズの息吹を楽しむことができる。使い勝手のよさと美しさを兼ね備えるもの、かつ生活雑貨として人が購入しやすい価格帯で提供することに気を配っており、5ドル程度のグリーティング・カードからグラフィック・アートや陶器など800ドル程度の商品が並んでいる。

「店の経営で意識しているのは、インディペンデント・デザイナーとの交流と商品のもつストーリー性よ。ただ単に物を売るんじゃなくて、お客さんたちに優れたデザインを紹介し、お客さんたち1人ひとりの生活を豊かに楽しくするという仲立ちをするのが、私たちの役割だと思っているの」。創業者のステイシィー・マイアノは笑顔で語ってくれた。

ステイシィーがポートランドにやってきたのは2006年のことで、それまではワシントンDCに住んでいた。大学ではファインアートを専攻し、卒業後は出版社に勤務していたが、都会での忙《せわ》しない生活に疲れ果てて退職した。そのころ、DCのとある店に立ち寄ったとき、オーナーの人柄とその店の品揃え、店の空気に心が和んだという。

「漠然といつか自分もこのような店をもちたいって夢を思い描くようになったの。ティーンエイジャーのころに自己流でアクセサリーを手作りして販売したり、地元の

ショップ巡りを趣味にしていたから、夢を思い出したってことね」。

それからステイシィーはいくつかのセレクト・ショップでアルバイトをしながら小売経営のノウハウを学び、倹約をして開店資金を貯めていった。しばらくして健やかな生活を求め、先に移住した姉妹に続き、ポートランドへと居を移した。自然が近い生活は魅力的で、彼女の心身を癒していったという。休日には足を延ばして林道へツーリングへと出かける。現在は店舗の近くに住まい、徒歩で通勤をする。昼休みにはペットの犬に餌やりをしに帰宅し、ともにランチを楽しんだ後、店に戻る。大都市ではとうていありえないライフスタイルであり、彼女はこの生活が大変気に入っている。

健やかな生活を営みつつ、それまでの修業で磨いた事業観も有効に作用させている。彼女はポートランドが多くの同世代を惹きつけることを確信し、この街の観光ブームを見据えていた。当初はリスクの高さを考慮して実店舗での展開を控え、ウェブ販売からスタートした。創業から3年して知名度の獲得と顧客の消費傾向を把握した後、アルバータ地区にて店を開いた。まもなく同地区への観光客も増加し、その好況も受けて売上も伸び、パートを3人雇える余力も出て、みずからも店舗経営に専心できるようになった。

ステイシィーはみずからの起業を支えた交流の舞台を2つ挙げてくれた。1つはポートランド州立大学のビジネスサポート・プログラムである。正式名称はPSU BOP（Business Outreach Program）という。ここではマーケティングや事業計画などにかかわる講習を、5週間にわたり受ける。同時に中長期的なサポートとして、ポートランド都市圏のビジネス・プロフェッショナルからサポートを受ける機会や、大学教員、法律家、銀行家などから構成されるプロボノ・ネットワークにもアクセスができる。年間250ドルでサービスが受けられるため、スタートアップ企業にとっては負担が軽い。この取り組みは、シティバンクのスポンサーによって実現している。銀行としても、起業家を育むことで地域経済の活性化、新規融資先の開拓につながるため、有益な事業として認識されているという。この学びの場から、いくつかのコミュニティが派生している。ステイシィーは言う。「さまざまな業種の女性起業家と交流して、アイディアの交換やマネジメントの相談をするの。同じような境遇の人が多いし、とても信頼のおける場よ」。

もう1つは地域のビジネス協会(Business Association)である。[10] ポートランドには各地区にビジネス協会があり、その構成員は地区内に店舗を構える小売業や飲食業が主である。地元住民や観光客に向けて、その地区のプロモーション活動を行い、来街者増を図ることを目的としている。アルバータ地区の場合は、商店主やメーカーズだけでなく、地区の住民も参加している。さまざまな立場から意見交換がなされ、よりよい地域にすることを意識しているという。さらにここでの交流から月1回、会員が講師となり各自の得意分野についてセミナーを開催している。ソーシャル・メディアの活用法、税制、会計など内容は多岐にわたる。このセミナーはビジネスの知識を十分にもたず起業してしまった人々にとり、基本をさらうよき機会となる。

経営資源を有さない中小企業にとり、これらの学びは状況を改善しうる場である。また単身で起業をし、不安を抱える起業家にとり、メンターに出会う場ともなる。このようなサポーテッドな環境の存在は、ポートランドで人々が起業する主な理由として指摘されている（Heying 2010, p. 78）。さらにそういう志向性をもった人々が集まるので、プレイスの魅力も高まるといえよう。このようなサポーティブな志向性は、公的機関や地域団体にとどまらない。先のStumptown Coffeeの例にみられるように、ポートランドの企業も共生の志向を有す傾向にある。そこで次に企業の交流に対する姿勢をいくつか確認しよう。

10 ポートランドにはこの他にNeighborhood Association（NA）という地域居住の快適性を維持するために、地域の保安や生活衛生に携わる自発的組織がある。地区住人と職場を有す人たちで運営され、自由意志により参加する。ONI（Office of Neighborhood Involvement）という市の部局が97地区のNAをサポートし、市とNAの調整、学習、スケジューリング、ウェブ作成等の指導をするとともに、NAから行政への意見具申を仲介する。

クリエイティビティを育む共生思想の企業の存在

Tanner Goodsは革製品のハンドメイド・メーカーである。西海岸に複数の直営店を有し、日本のアパレル・チェーンにも商品を卸している。Pendelton, Danner Boots, Snow Peakなど国内外の有名ブランドとのコラボレーションも展開し、根強いファンをもつ。ポートランド、ロサンゼルス、サンフランシスコに計6店舗の直営店をもち、従業員は工房、オフィス、ショップを含め45人ほどになる。ポートランドのメーカーズの中でも、成功しているメーカーの筆頭に挙げられている。操車場の近くにある同社の工房は、一歩入ると一般の工房のイメージとはほど遠い。整理整頓も行き届き、空気も清浄だ。また工房にはジャズも流れ、職人の足元では犬が気持ちよさそうにくつろいでいる。生活の大事な一部であるペットを自分の生活の一部である職場と同じ環境に置くことで、従業員が働きやすくなるという配慮だという。

共同オーナー[11]のサム・ハフは、スポーツ・ブランド向けのデザイン会社に勤務していたデザイナーだった。デザイン力の高さで評価されていたものの、どこかみずからの仕事に違和感を覚えていたという。「子どものころを過ごしたオレゴン州の田舎町には、近所に多くの昔ながらのクラフト・メーカーがあったんだ。だからずっとものづくりには興味があった。けれど勤め先での仕事はデザインして終わり。幼少期の思いもあって、ずっとものづくりのプロセス全般に関わることを希望していたんだ」。サムは創業への思いを静かに語った。

その実現のために選んだのが、革製品の製造であった。革製品は野球やフットボールなどアメリカの歴史に深く根ざしている。また、ゆっくりじっくりと育んでいく(organically)感覚や、使用者の人生とともに製品も成長していくこと(grown together)が、ポートランドのイメージにも則していた。起業資金が少額であったことから、当初は機械も導入できず、1枚の皮を仕入れてサム自身が1本1本手作業でベルトを作り、その売上でまた皮を仕入れて販売するということを堅実に繰り返してきた。

「ビジネスを展開するうえで困難も多いけれど、無理は決してせず、あえて時間をかけてきた。自社ブランドを自分たちでコントロールして、顧客に満足してもらえるように質を高く保つこと、それから従業員の幸福度を保つことに意識を向けているよ」。まだ30代であるサムは落ち着いた物腰でその経営哲学を語ってくれた。

Tanner Goodsの成長はその経営哲学が礎にある。さらに、ポートランド都市圏のハイテク産業クラスターの恩恵に浴している。Tanner Goodsでは地域との関係性を重視し、地元企業の部品の使用を掲げている。これは地元にTanner Goodsの要求水準に応えうる、優れた金属部品メーカーが集積していることの現れであろう。もっとも、「地元企業とともに市場開拓を行う」こと、すなわち共生(symbiosis)の思想に基づいた行為が部品メーカーの信頼を得て、協力関係を築けているともいえよう。

これは同社のコラボレーション姿勢にも表

PORTLAND ORE.

TANNER GOODS

れている。提携先のブランドは、似たような製品作りとビジネス・マインドをもつところを選択し、互いの信頼関係を何より大切にしつつ「ゆっくりとじっくりと成長させる」というウィン－ウィンの関係のもと、互いが成長していけることを重視している。そうしてそれぞれのブランドの顧客が提携相手のブランドを知ることにより、互いの関係性をシェアし、新たなメーカーズを知ってもらいたいという目的もあるという。

共生やシェアの思想はポートランドのクリエイティブ・コミュニティと、それに関わる企業にもみることができる。多くのメーカーズにとり、クリエイティブ・コミュニティでの交流は、経営の持続化にとって有益な示唆を得ることにつながっているという。ポートランドのクリエイティブ・コミュニティは大企業のデザイナー、デザイン学校関係者、起業家、地元デザイナーやアーティストの交流の場であり、自発的に生成されてきたようだ。ただその契機ないし促進には、エースホテルの開業が利いているように思われる。エース先述のとおりエースホテル・グループはホテルをデザイナーやアーティストが集う街のプラットフォームと見立て、創造性の発露の場（creative outlet）として捉えている。開放されたホテルのロビー・スペースは、多くの人々が集い語らう場となっており、ポートランドのクラフト・ムーブメントの象徴となり、プレイスのイメージの重要な核である。

現在では、世界展開を遂げているアウトドア・フットウェア・ブランドのキーン（KEEN）も同様の志向性をもっている。パール地区に本社と直営店を置く同社は、築百年を超すビルを丸ごと改修し、リパーパス[12]という手法で使われなくなったさまざまな部品を活用して、建物の味わい深さを残しつつ、ポートランドらしい開放的でクラフティな雰囲気を醸している。ここはNPOやスタートアップ企業にも開放され、デザイナーとの交流の場所として活用されている。

中小のメーカーズとすれば、これらのコミュニティとの交流により、十分な経営資源をもたなくても事業展開が可能となる。自治体やサービス業にしても、ポートランドのブランド・イメージの向上につながり、ニューヨークをはじめとした外部のデザイナーを誘引し、良質な住民の確保に結びつき、地域経済の発展を促進するために歓迎している。大企業にすれば多様なクリエイターとの交流が社内のアイディアの陳腐化を避けることにつながり、オープン・イノベーションや人材の獲得に結びつくとして、従業員のクリエイティブ・コミュニティへの関わりを容認しているという。このような大手企業の姿勢は、ポートランドのプレイスの発展（クリエイティブが集まる街）に寄与し、CSVを達成しているといえる。ちなみに、企業の多くは従業員の副業を許可している。いわゆるハイブリッド起業を経た従業員は、自分のブランドが軌道に乗ると完全な独立へと至る。母体となった企業とスピンオフ企業はコラボレーションを重ね、相互に成長を遂げる傾向が見受けられる。このようにポートランドのクリエイティブ・コミュニティの存在は、プレイス・イメージの向上、起業の促進、地域経済の発展に寄与している。

11 ポートランドのメーカーズの多くは、起業時の予算不足を補うべく、共同オーナー体制で起業する。

12 使い古された物品を別の目的のために再利用すること。サステイナブルな志向性をもったデザインのあり方として注目される。

シェアリング・スペース

これまで紹介してきたエピソードが示すように、メーカーズは往々にして経営資源に恵まれていない。さらにプレイスの価値が高まることによって、ポートランドでの生活コスト、操業コストも高まり、安定したものづくりが行えなくなりつつある。ポートランド・スタイルの震源地である街の中心の開発が急速に進む中で、代替として現在の工房地帯から車で30分ほど離れた空港地区に、大規模な工房団地を建設する案も提示されている。しかしメーカーズのクリエイティビティは、都市部での交流、生活により発現していることから、彼らはこの計画には否定的である。

このような背景のもと、先述のADXは2011年、シェアリング工房としてサウスイースト地区に設立された。1302平方メートルのスペースには単発施設利用にとどまらず、月額登録による製造スペースの利用によって、金属・木工加工のメーカーズが200名ほど工房を構える。会員は機械、機材や3Dプリンタ等を自由に使用することができ、会員種類によって個室、仕切り部屋、オープン・スペースなど、メーカーズの希望と予算に合わせて選ぶことができる。この他に技術講習や3Dプリンタといった先端機器の使用法に関わる講習会が開かれている。

創業者のケリー・ロイはADXの使命を語る。「今はメーカーズにとって不動産や物価の上昇により、非常に厳しい状況になっているわ。だからこのような工具のシェアリング、スペースのシェアリング、そして大切な点として、知識のシェアリングの場が必要なの」。

とはいえケリーは、ADXを非営利活動ではないと強調する。彼女は情報、媒体、施設等をすべて有料にして提供することにより、その収入で専門技術者の育成、機械の導入とメンテナンス、さらには、よりよい作業環境と設備のために必要な敷地の拡大などが安定して行えると考える。ADXは堅調に成長し、今では10名のフルタイム社員、40名ほどのパートタイム社員を抱え、活動と提供内容の幅を着実に広げてきた。各地の同類のメーカー・スペースが暗礁に乗り上げる中で、経済的自立があってこそ、理想が成り立つという姿勢が事業のサスティナビリティを保っている。

「私はもともと写真家になって生計を立てたいっていう希望があったの。でもまわりの大人たちから食べていけないと言われたし、自分自身もその術を知らなかった。だからおのずから違う道に進んだわ。だからこそアーティストやメーカーズには、その夢によって生計を立てていけるようになってほしい。そのサポートをすることが、いつしか私の夢になったのよ」。

大学院進学に伴い、バージニア州からオレゴン州に移住した彼女は、ポートランドの風変りな雰囲気が肌に合ったという。人々の意識も高く、コンパクトで自然との調和がとれたこの街にいつしか惹かれていった。彼女はこの土地に親しみ、人々と交流するうちに自分の役割に気づく。「クリエイティブな人たちが堅実にそのビジネスを続けられるように、空間や知識を提供していくこと。これこそ自分がやるべき仕事だって強く思うの」。タトゥーの入った肌に似合うワンピース姿の彼女が語る。

ケリーの志、ポートランドのセンス・オブ・プレイス、大学院での学び、ニューヨークでのコミュニティ・デザインの体験、それぞれが相まってADXは登場した。

「ADXの運営は毎日パズルを組み合わせるようにチャレンジの日々よ。けれど、そこがビジネスの楽しいところね。ADXは常に新たな価値を追加していき、成長して会員と地域にとって役立つハブでありたいと願っているわ」。クリエイターに囲まれて過ごすことによって、刺激を受ける日々はケリーの喜びであり、彼女のビジネス・マインドも進化していく。

今のADXは単なるシェアリング・スペースにとどまらない。異業種や幅広い経験と年齢層のメーカーズが、各々の課題解決のためにインタラクティブなコミュニケーションを展開し、アイディアや機能をやりとりする。家具やオブジェ、車内改造など規模の大きな外部発注には、会員が相互に協力し合い、コヒーシィブ・プロジェクト（cohesive project）と銘打って、持ち合わせる能力や技能を注ぐ。私たちがADXを訪問したときも、バンの内装を木製に変調させるために、金属加工と木工のメーカーズたちが議論を交わし、協働して改造に取り組んでいた。

ADXでは会員間のコラボレーションが促進できるように、さまざまな配慮がなされている。たとえば、ADXや入居者がメディアの取材を受けると、必ず他の入居者のことも自分のメーカーと同様にメディアにPRをし、情報発信の機会を共有している。このことはTanner Goodsと通ずる共生の思想の流れを感じる。またポートランド・メイドに対する小売業からのフィードバックをメンバーで共有し、消費感度の向上にも努めている。これによって自然と自分たちの創作物について、議論する機会がもたれるという。同時に、食も重要な要素の1つである。ADXの中にシェアリング・キッチンスペースを備え、会費収入を使用してCSAによって地産野菜やフルーツを提供する。メーカーズに食を通じた交流の機会と、その家族を含めた会員の健やかな食の提供にも気を使っている。

「ADXははじめの一歩の場所。または、スタートアップの位置づけの場所。いずれは卒業して自分の工房やオフィスをもち、独立するブランドやメーカーズがたくさん出てくることが願いなの。そのために必要なコネクション、情報交換の場、会社運営に必要な知識などを提供し続けるのが私の使命」。ADXはポートランドのクラフト・ムーブメントを支える、縁の下の力持ちのような存在である。

4-6. ローカル・フーディなムーブメント

ポートランドへの居住意向の高さを支える要因の1つは、その食生活の豊かさにある。

オレゴン州には酪農、農業、海産物と多岐にわたって地産品があるため、他州からわざわざ食材を仕入れずともよい。これが「Shop Local, Buy Local」というムーブメントを可能にしている。ポートランドのライフスタイルを考えるとき、食文化はきわめて重要な要素であり、さまざまな個人、団体の活動がそれを豊かにそして真剣に育んでいる。

ファーマーズ・マーケットという交流の舞台

まずはフーディな共在を生み出す交流の舞台であり、サイトスペシフィックなコンテンツでもあるファーマーズ・マーケットに目を向けよう。ポートランド市内では毎日のように、街のいろいろな地域でファーマーズ・マーケットが開催されている。毎週土曜日に開催されているポートランド州立大学脇でのマーケットは、ほぼ1年を通して開催され、規模も大きい。日本の直売所とは違い、店頭では若者や子どもたちが売り手として生産物について生き生きと語る姿も目立つ。およそ100軒の店舗が出店し、地元産の野菜や果物、季節の花々や焼き立てパンにワイン、肉や魚などの生鮮食品が五感を刺激する。農家や加工業者との交流、シェフによるデモンストレーション、バンドの演奏、子ども向けの料理教室など、それぞれのファーマーズ・マーケットで特色ある彩りを提供している。

同様にここからさまざまな交流が生まれ、

新しいコンテンツが花開いている。ポートランドにおけるファーマーズ・マーケットは農家と市民のつながりを生むだけでなく、レストランのシェフと地元農家のつながりを生む。そこから直接契約を結ぶようになり、それがそれぞれのレストランの特徴となっている。ファーマーズ・マーケットは地元農家と地域社会との間にコストがかからない直接的な関わりを提供するとともに、より強固なローカル・フード・システムの確立をめざすための有効な経済発展の方策（Lyson 2004）といわれる。ポートランドでは、それが有効に機能していることが窺える。その関係が発展すれば、シェフと農家が互恵的な関係のもとに、生産とマーケティングを実施するクリナリー・アグリカルチャー（Lyson 2004）に至る。両者は地域の農業の特徴を生かせる料理の考案に向けて、ともに仕事をするのである。

フーディな共存

Farm to Tableレストランのパイオニアで、ポートランドを美食の街として際立たせたアクターの1人が、ポートランド州立大学近くに立地する有名レストラン、ヒギンズ・レストランのオーナー・シェフのグレッグ・ヒギンズである。ニューヨーク州バッファローで生まれ育ったグレッグにとって、その原風景には農作物やローカルの農家・酪農家等との直接な出会いがあった。大学を卒業後、

ヨーロッパを放浪した彼は、それぞれの国の珍しい食材に出会い、各国のおいしい味を探すことに熱中した。しかし、豊富な経験を得て帰国した彼を待っていたのは、アメリカの食文化のマイナスの変化であった。「食にも工業化が進み、かつては地元の卵や野菜を使っていたローカル・レストランですら、安心して食べられる食材を扱わなくなっていた」。当時のアメリカ食文化の状況は、彼にとって悲嘆にくれるものであった。そのころ、グレッグは自転車での旅行中にポートランドにたまたま立ち寄った。ポートランドの人々の温かさと優しさ。独立した気風。オレゴンの自然の食材の手に入りやすさ。まさにここは理想郷であった。そうして彼はポー

トランドへの移住を決意した。「食と人生は切っても切り離せない。〝文化〟〝自然〟そして〝食〟の混在とバランスが、自分にとっての魅力あるポートランドの姿であり、そこに惹かれて現在も住み続けているんだ」。グレッグはポートランドの一貫した魅力を語る。

料理の腕を磨いた彼は、1984年からポートランドのヒースマン・ホテルにコックとして雇用された。「ポートランドは他の西海岸の都市に比べると、街はコンパクトで、市民の食に対する感覚は簡素。また、食材も少なくありきたりのメニュー品を客に提供していた。それがこの街の一般のレストランの主流だったんだ。それと同時にアメリカ社会では、食と人々との嗜好にギャップができ始め、自分自身の中で食に対する疑問が生まれたのも、この時期だった」。理想的な場所に身を置いた彼の心に、火がついた瞬間だった。

そこで地元農家、酪農家や漁師と関係を深めることに心を傾け始めた彼は、土地の資源を使い果たさない旬の食材によった「サスティナブル・キュイジーヌ」を生み出さなければならないという信念を抱くに至った。

そうして1990年代に入ると、まずヒースマンにて地元のオーガニックの食材を仕入れ、メニューを考えて試験的にそれを提供し始めた。しかしホテルの関係者、同業者からは冷ややかに受け止められたという。「ローカルの素材？　なんて田舎っぽいんだ。

オーガニックの素材？　値が張るばかりで儲けにならない。頭で考えた理想主義、空回りの料理じゃないか」と。

彼は哲学を貫くために、1994年からポートランドにてみずからのレストランを開店した。クレイジーと揶揄されながらも、農家と直接契約することでコスト削減を実現し、新鮮な素材で作られた料理を提供した。

グレッグがFarm to Tableを展開するにあたり、当初から心がけていることは次の3点である。1つめは相互理解である。互いの限界を知り理解したうえで、互いのプラスとマイナス部分を受け入れるように努めてきた。2つめは誠実さである。常に互いの情報をオープンにし、ウソのない情報交換により信頼性を高め、強度な関係性を構築するように努めてきた。3つめは同じ価値観をもつコミュニティの構築である。生産者とは公私を通じて同じ価値観を持ち合わせるように努め、互いに助け合いながら健全なコミュニティづくりをめざしてきた。彼はこの姿勢を貫き、30以上の生産者と約30年にわたって信頼関係をもとにした関係を育み続けている。

時代は彼を求めていた。彼の取り組みは徐々に注目され、ついには「サスティナブルの礎石（cornerstone）」と評されるようになり、権威あるビヤード賞を獲得するに至った。このヒギンズ・レストランの功績により、ポートランドにはサスティナブル、オーガニック料理に魅了されたシェフたちがこぞって他の州から移住、次々とレストランが開店し、ポートランドはグルメの街へと変化を遂げたのである。

「実際に正直なところ、今も値段が張る新鮮で質の高い材料を使い、リーズナブルな価格で顧客に喜んでもらえるようバランスをとることは、レストラン・ビジネスとして決して容易なことではないよ。サスティナブルやオーガニックというのは、直接目に見えないものだから、そこに費用がかかっているということを理解できない人もたくさんいる。それからすべての面で急激な物価上昇を続けているこの街では、高品質な素材をよりリーズナブルな価格設定で提供するということ自体、想像以上に大変な作業になってきている」。

グレッグはFarm to Tableの難しさを語るものの、質のよい食材を作っている心あるローカル生産者の確保とその生活を助けるというウィン-ウィンな関係性を育むこと、ポートランドの一般市民によりよい食物を提供し、食生活をよりよい方向にサポート・改善をしていくという信念は今も揺るがない。

現在、新たな挑戦としてオレゴン州農務省や大学、オレゴン科学産業博物館といった公的機関とともに計画しているのは、「Culture Innovation」をコンセプトとする常設のファーマーズ・マーケットである。地産地消とローカル品の大切さ、農業を守る必然性等を教える場を設けるのと同時に、実際にそれを体験してもらえるように、ショップ、レストラン、ショーケース（小規模農家等）等を設置する。季節や天候にとらわれず1年中、地元市民や世界からの旅行者という消費者全般に豊かな体験をしてもらえる内容である。フーディなともし火は、燎原の火のように燃え広がっている。

ローカルでサスティナブルなフーディのムーブメントは、食材の分野にも広がっている。ちょっとユニークな起業家がポートランドで塩を作るJacobsen Salt Co.（代表：ベン・ジェイコブセン）とハチミツを作るBee Local（代表：ダミアン・マジスタ）だ。

「シアトル近郊でITプログラマーとして働いていたのだけれど、自分の仕事にほとほと嫌気がさしたんだ。料理をするのが好きだから気晴らしにしていたものの、アメリカの塩といったら質の低いものか、値の張る輸入品しかなかった。ポートランドを含むパシフィック・ノースウェストにはいい食材がたくさんあるというのにね。以前ヨーロッパに住んでいたときに、その土地のおいしい塩に引き込まれたんだ。それを思い出して、ないのなら自分で作ろうって思いたったわけ。それからいい塩を求め、ワシントン州からオレゴン州にかけて20カ所の海水の味を試したよ。そうやってオレゴンのネターツ湾の海水に行き着いたんだ」。ベンは製塩業者の資格を取得し、自分の手で昔ながらの手法により塩を作っている。まさに食のメーカーズである。

　ベンと出会い、現在ではオフィス・スペースや従業員等コンセプト全般をシェアするに至っているダミアン。「ぼくは2010年頃から、ハチの巣を地域のさまざまな場所に置かせてもらっていた。そこで気づいた。地域によって採れるハチミツの味や色に大きな違いがあるんだって」。世界的にミツバチの激減危機が懸念される中で、ダミアンはサスティナブルでヘルシーで透明性の高いハチミツだけを生産している。彼らの姿勢も相まって、品質の高い彼らの商品はポートランドをはじめ各地のシェフを虜《とりこ》にし、次々に引き合いが来ているという。とくにJacobsen Salt Co.は販売を開始するとすぐに質のよい塩として認識され、ニューヨークの有名シェフやWilliam Sonomaといったキッチン用品店に商品を卸し、今では全米のレストラン100カ所以上に販売するまでに成長した。

　同時期に創業した彼らは、初めて会うなり意気投合したという。ベンは言う。「質が高く、いいものを人々に届ける。そして家でもレストランでも、僕たちの商品を気持ちよく使ってもらうという考え方が同じだった」。ダミアンも続ける。「お互いに協力することで、さまざまなハードルを乗り越えられる。最も重要だったのは、お互いの考え方や商品に対するリスペクトがベースにあるということだね」。共通の価値観をもつ彼らは、それから卸先の店舗やR&Dのスペース、さらにはバック・オフィス機能を共有している。

「ポートランドを気に入っているのは、サスティナブルなコンセプトを大切にしている市民が多いこと。それからそれをもとにするレストランや食品ブランドが数多くあるから、コラボレーションもしやすい。自然が身近にある健やかな生活をとても気に入っているよ」。

Jacobsen Salt Co., Bee Localともに、オレゴン産原料のみ使用のアイスクリームとして有名なSalt & Strawにも使用され、ヒギンズをはじめ地元有名レストラン、ベーカリー、製菓でポートランドだけでも150カ所で使用されている。両社のウェブサイトには、全米のシェフたちが自主的に自作のレシピを提供している（jacobsensaltウェブサイト）。「食の喜びを市民と分かち合おう」。そういった共通の願いが彼らを動かしているという。「ここからアメリカの食と味覚を変えていきたい」。彼らはまさに地に足を着けつつ、頭は天を突き抜けるフーディなムーブメントの旗手である。

パブリック・セクターの役割

ポートランドのフーディなムーブメントは、個々の取り組みが目立っているが、ここでは、公的機関の取り組みにも注目してみよう。

オレゴン州農務局（ODA）内にあるフード・イノベーション・センター（FIC）は、1990年代にオレゴン州立大学（OSU）

とオレゴン州農務局のディレクターの話し合いのもと、共同出資により創立された。ODAのマーケティング目的、OSUの農業起業や起業家育成と農業発展という双方のビジョンの合致により、実現へと至ったのである。ODAは市民への入手可能な範囲での栄養価の高い食材と食育を目的に、都市近郊とその郊外の活動を中心としたCSA、都市農業、コミュニティ・ガーデンと市民が協働で公共の農地を管理し、その収穫物を販売する目的用ガーデンの設置といった施策を展開している。市民が農業に関心を寄せ、それに従事することにより、必然的にオレゴン産の農業生産物（現在約200種類）を作り出し、それを口にする機会が増えることになると同時に、経済効果と健康向上効果を生み出している。

Pack-Sackと呼ばれる農業起業に関わる事業では、農業技術ならびにマーケティング支援がなされている。またFICにはResearch Chefと呼ばれる興味深い職位がある。もともとシェフであった人たちを招き、大学で食料科学に関する研究者として養成したものである。クリエイティブと科学に知悉した彼らは、食の適切な加工だけでなく見せ方についても熟知し、アドバイスを提供できる。その他に消費者の感性検査、定性リサーチを実施できる設備を有し、R&Dとマーケティング機能を一貫して提供する。これらの施策を媒介にして、食関連業者、農家のネットワーキング、勉強会、品質改良、インキュベーションなどが派生し、さらにポートランドのローカル・フード・ムーブメントを支えているといえる。

フーディの布置はさらに広がる

さまざまなアクターたちの活動により、ポートランドが健やかな食の都として成長するにつれて、新たな食文化の布置が広がっている。今や新名物となったカート（屋台）である。カートが集まる場所はポッド（屋台村）と呼ばれ、ポートランド市内には約50ものポッドがある。カートはポッドからポッドへ移動するし、参入と退出も比較的容易である。そのため正確な数は把握されていないが、およそ500あるといわれている。専門のサイトも立ち上がっていて、その旬の様子をつかむこともできる（foodcartsportlandウェブサイト）。Banis&Shobe（2015）の調査によれば、実に世界中の料理がポートランドのカート・ポッドで提供されている。メキシコやタイ料理が多いといわれているが、ポーランド、ギリシャ、エジプトなどの料理も見受けられるし、和食もBENTOとして人気が高い。メッカといわれるアルダー・ストリートのポッドでは、昼どきになるとカート料理を求める人々で混雑する。オフィスに持ち帰ったり、縁石に座ってのんびりとクラフト・ビールとともに楽しむ姿も見受けられる。非常に人気の高いカートは店舗をもつに至っている。これまでの健やかな食文化、ローカル・フード・ムーブメントとは一線を画すものの、自分たちのバックグラウンドや能力を生かし、食の起業家として低資金で挑戦できるカートも、ポートランドのセンス・オブ・プレイスを感得したアクターである。

4-7. ポートランドのイメージは世界に広がる

これまでクラフトや食の分野を中心に、アクターたちがサイトスペシフィックなコンテンツを生み出す姿をみてきた。この節ではポートランドのイメージの広がりに目を向けよう。

ポートランドにインスパイアされる

その編集と発信を担う機関の1つが、ポートランド観光協会である。観光協会の多くは、観光会社と提携をして、そのチャネルに頼って観光集客につなげるのが一般的である。ポートランド観光協会の場合、ターゲットとする国のメディアに積極的にアプローチし、その国内にてイベントを開催することに力を注いでいる。組織形態は行政の直轄ではなく、非営利団体としてより裁量をもって事業を展開し、セールス部、マーケティング部、コンベンション部等が存在するマーケティング志向の組織である。マーケティング手段としては、紙媒体、ソーシャル・メディアやウェブ、POP-UPが中心である。協会内に専門の編集者がおり、さらに地元誌の編集者やデザイナーと契約をして、質の高い情報発信に努めている。さらにはマーケティング部が率先してコンテンツ会議を開催し、各部署との情報共有を行う。戦略的活動が組めるように心がけていることが窺える。

観光協会の分析によれば、ポートランドにおけるヨーロッパと日本からの観光客ではその志向性に違いがあるという。ヨーロッパからの観光客はアウトドア観光に比重が置かれ、レンタカーを借りて自力でキャンプをするなど、オレゴンの大自然を満喫する。一方の日本人観光客は、ポートランドらしい地区に公共交通やレンタサイクルにて足を伸ばし、街中を体感する傾向にある。とりわけ日本の地方からの若い旅行者たちは、サイトスペシフィックなコンテンツを体験し、自由やクリエイティビティを求めて、新たな生き方を探すべくこの街を訪れる人が多い。ポートランドの街と人々の生き方に興味をもって情報に接し、みずからの生活の変容を求めてこの街のリピーターになる人も少なくないという。「日本の地方の方向を変えていくには、行政には依存せず、クリエイティブな人が中心となって活動していくことが必須だと確信しています」。日本に長年住んでいた経

LAND
思想・精神文脈
cultural diversity
regain Oneself
CREATIVITY
awareness of essence
Keep Wired
起業文脈
empowerment
optimal size
process-oriented
INDEPENDENT
capitalism light
cultural capitalism
気質文脈
Tolerance
relax
honesty
FRIENDLY
good Raport
rustic Chic
コミュニティ文脈
creative hub
organically
collaboration
Hub
SUPPORTED COMMUNITY
share space
Symbiosis
share
resonate

図4-2　ポートランドの意味世界

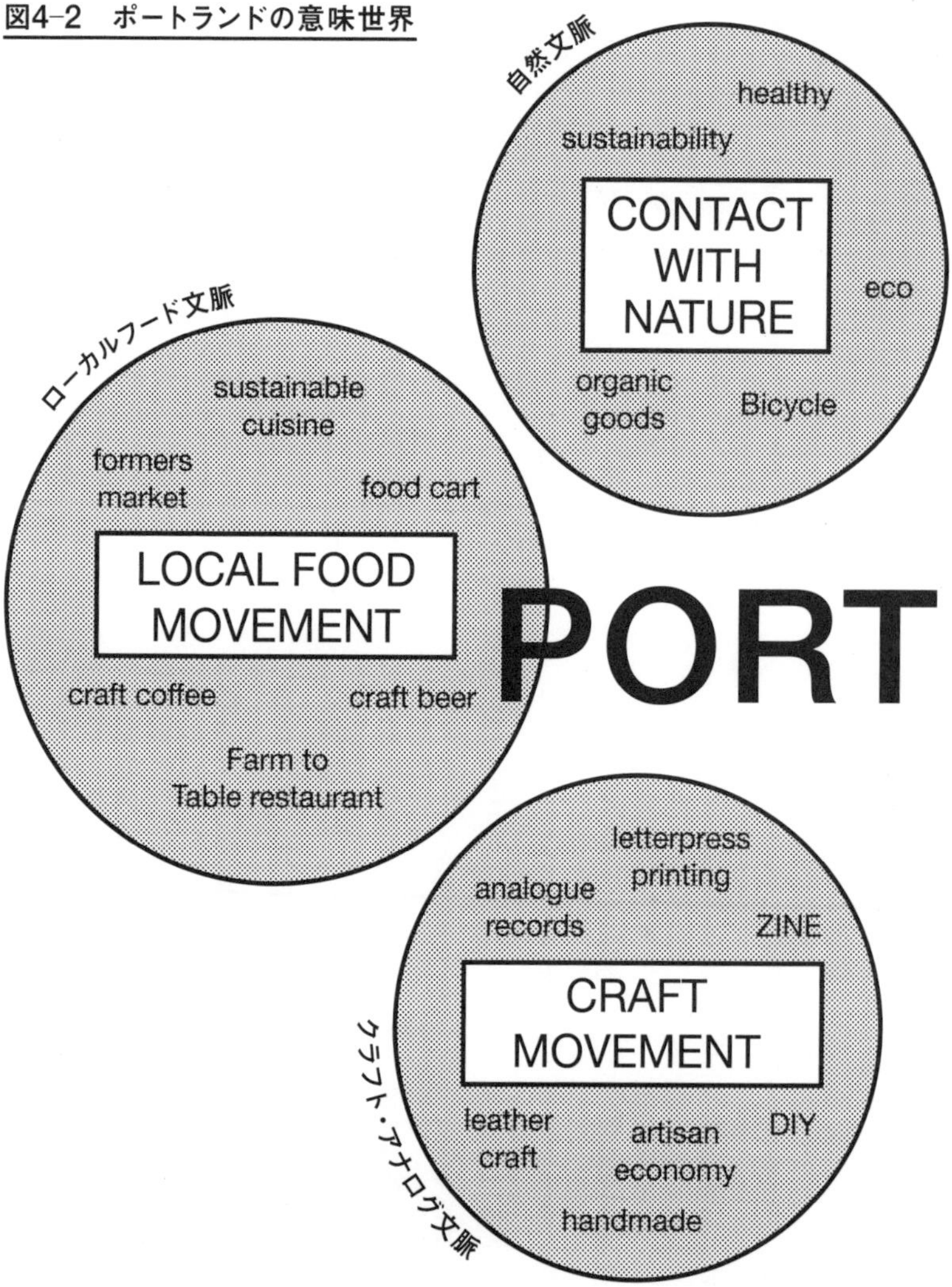

験のあるジェフ・ハマリー アジア担当部長は、地方の変容を期待して苦言を呈する。

PORTLANDMADE

インタビューをしたメーカーズたちが、消費者をはじめとしたステークホルダーとの交流に欠かせないと強調していたのが、インスタグラムである。この活用を媒介にしたコミュニティについて、PSUのヘイング博士へのインタビューをもとにもう少し掘り下げていこう。

ポートランドのメーカーズは、中小規模の工房であるため、もともとは金のかからない広報ツールとしてソーシャル・メディアを捉えていると考えられてきた。しかし、ヘイング博士の研究チームの調査によれば、インスタグラムの#（ハッシュタグ）という機能を活用することにより、コネクションづくりと他者との会話（connection & conversation）の機会をメーカーズにもたらしているという。画像とハッシュタグという新たな道具により、工房から世界へと「ポートランド・メイド」であるという芸術性のある美的イメージを発信する。ハッシュタグはまるで出版物の引用のように、具体的な商品説明の役割をソーシャル・メディア上で果たし、ポートランド製であるという付加価値を提供する。

さらにハッシュタグは価値共創の側面ももつ。メーカーズはまず顧客を探す目的でインスタグラムを使用する。それは商品の画像にとどまらない。インスタにアップロードされる画像は、クラフトという部分にフォーカスを当てた物が多く、決してきれいとは言い難いありのままの工房の様子や、従業員の働いている姿を示す。元来のビジネス・マーケティングでは考えられないが、企業が見せたがらない現実の姿を載せることにより、現代の消費者の心にいっそう働きかける効果をもたらしているという。

各メーカーズに共鳴した消費者はそのブランドと交わり、インスタグラムにてメーカーズやその他の消費者と会話をもつことにより、その製品の作成プロセスにも関わっている気分になる。自分のために作られたものという心理を抱くことで、よりいっそうその製品、ブランド、メーカーズに対して愛着が湧くという心理作用をもたらす。ハッシュタグは思わぬ人々との出会いを生むとともに、継時的なつながりとメイキング・プロセスの共有を提供している。

ハッシュタグが生む交流は、消費者とメーカーズとのつながりだけにとどまらない。これによってメーカーズ同士の交友関係を育み、各々のエントリーへの書き込みを行うことでマーケティング効果を生み出し、同時に個々のブランドがハーモニーを響かせる。ポートランドの都市のサイズ、コンパクト・シティ政策や交通の便のよさが手伝っているものの、メーカーズ同士の交流が育まれ、協力関係に至っていることは起業の促進に一役買っているといえよう。このようにポートランド・メーカーズのイメージは世界中に広がりをみせ、アーティザン系の若者たちの心に火をつけている。

4-8. そしてプレイスは動き続ける

活力あふれるポートランドの悩みの種は、ホームレスの目に余る増加とジェントリフィケーション問題である。これらはポートランドにおいて、今までに例をみないほどシビアな問題に発展している。ポートランドの魅力が高まり、人々や企業が急速に集まってくる。それによって物価や不動産が急騰したことにより、十分に家賃を支払えない人々がホームレスとなってしまっているケースも少なくない。とりわけ、若年層に多いのもこの街の特徴である。私たちがポートランドを訪問したときも、街の中心部には物乞いをする20代前半と思われる男女がそこかしこに見受けられた。志高くポートランドに移住してくる若者がいる一方で、「あそこに行けばなんとかなるだろう」と無計画に流れ着く者も多くいる。シェルターを提供しても、そこから自立できる人もなかなかいないのが現状であるという。

ジェントリフィケーションについては、ポートランドでもさまざまな意見が出ている。PDC（ポートランド市開発局）は、ポートランドの魅力が高まる今を好機とみて、企業誘致、インフラ整備による経済効果と税収増に期待を寄せる。とりわけ、ウォーターフロントやパール地区周辺の開発を急激に推し進め、IT関連の大企業を誘致し、その従業員の住居確保に力を注ぐ。その一方で、そういった政策は安い家賃で工房を保持しつつ、クリエイティブなクラフト・ムーブメントを生み出しているメーカーズにとっては、死活問題となる[13]。

ADXのケリーは都市政策の現状に憤慨する。「異常ともいえる物価・不動産の上昇によって、街のいたるところに工房を構える多くのメーカーズも生活をすること自体が不可能になってきていて、死活問題にまで発展している現状。行政が開発を推し進めることによって、多くの弊害が生まれている。ポートランド・メイドの商品によって新たな文化が生まれ、世界中から注目され今の集客があることを、もっと行政は真剣に受け止めるべきね」。

ヘイング博士もメーカーズ・ムーブメントを退潮させるのではないかと憂慮する。「高所得者が他州からポートランド近郊に流入してくれば、物価の高騰という現象が起こる。それと同時にポートランド・メーカーズの製品の売上が伸び、彼らの生活状況が改善されるというのは幻想だ。街に移住してきた高所得者たちは、自分たちの生活感覚や意識、基準を保持したままこの街の環境（食、住宅価格、エコ、公共交通など）に惹かれて移住をしてくる。そのような階層の人たちが、素朴なクラフト・アート系の製品に惹かれて購買するとは思えない」。メーカーズは新しい波をつくり、街の注目度と発展に寄与してきたものの、ここに至ってその第一の犠牲者になるというパラドクスを指摘する。

METRO政府のプレジデントであるトム・ヒューズは、これをリロケーション（移転先）の問題とみている。「リーマンショック後のオレゴン州の景気低迷を考えると、開発による街の活性化とアップグレードは決して悪いことではない。このような大規模開発計画によって、中小規模の企業や工房が次のステップに大きく躍進していくには、絶好の機会にもなりうると思う。問題はそれによって、もともとその地域に住んでいた人々がこの急激な家賃上昇により、その場所にいられなくなることだ。なんらかの形で、中から下の収入レベルの人々が負担できる家賃の住居を造るというオプションがあればいいのだが」。

さまざまな街の変容をみてきた他州出身のPNCAの教員スタッフの1人は言う。「今までのこの街の文化が崩壊したり、家賃上昇は懸念すべきことだと思うね。でも新たな文化の流入というよい点もあるんじゃないかな。

それから、ブルックリンとポートランドのジェントリフィケーションを同列に考えてはいけないよ。西海岸におけるロサンゼルス、サンフランシスコ、シアトルといった人気の土地の高騰により、最後のアフォーダブル・シティ（手の届く不動産価格）のポートランドにもついにその波が来たということなんだ」。点から滲出したのではなく、他州からの面による波及がこの地のジェントリフィケーションの1つの特徴とも捉えられる。

人も街も日々変容していく。プレイスの意味世界の変容に伴って、現実世界も大きく動く。ポートランドでは今、布置のように広がりつつある多様性と共生に関する真価が問われている。

13
パール地区NAのボードメンバーを務めたケイト・ワシントン氏によれば、パール地区でも近年の家賃高騰により、アーティストたちは契約更新が困難極まりなくなり、パール地区から撤退する人が激増しているという。投資目的の不動産購入、地域交流への関心の低い住人の増加により、NAのボランティアも住居人以外の自営業者や引退をした人が中心となり、活動も以前より停滞傾向にある。

Diversity & Inclusion

「なんていう辺ぴな所に来ちゃったのかしら……」私は1980年代に留学生としてポートランドに降り立った。ショッピング・モールに行けど品揃えの少ない店舗。ビジネス街として機能している割には閑散としているダウンタウン。ドアに大きな錆《さび》をつくったアメ車が走り廻る住宅地には、歩く人はほとんどいなかった。

　しかし、英語でそこそこコミュニケーションがとれるようになってくると、徐々にみえてくるものがあった。それは自分の先入観からくるステレオ・タイプのアメリカ人、そのイメージからは少しかけ離れたこの街の人々の姿である。そっけなくあまり親しみをもてなかったこの街の人々、それは実はシャイの裏返しでもあり、同時に社交的とは決していいえぬ雰囲気は、自分の人生観の尊重につながっているという発見でもあった。ふと垣間見える朴訥《ぼくとつ》で温かな心に触れる機会に敏感になってくると、出会う人々の心情が折り重なり、この街の本質である奥深さに徐々に心を宿すに至っていった。

　その後、日系アメリカ人と結婚をし、ニューヨーク、サンフランシスコと東京を行き来する生活をするも、このポートランドという〝プレイス〟を忘れられず、自らの家族を育んでいきたいと願い、この街に戻ってきてから早20年。今ではアメリカの他の都市部と同様の悩みを抱え、様変わりをしたこの街。しかしながら、現代のペースの速いアメリカ社会の中、気忙しいながらも人々の素朴さ、温かさ、超越したフレンドリーさに触れ魅了される機会が、他のアメリカの街より多いと感じるのは私だけではないらしい。

きれいな空気と自然に包まれた生活環境の中、さまざまなアウトドアに適した立地。近郊にて栽培され日常使いとして手に入る豊富なオーガニック素材、自然の恵みを受けた数々の食材。今では貴重な素材をもとにした外食の選択肢も豊富になり、食と健康と隣人関係を重視した生活を営むことが可能な、気取らない心と身体が喜ぶ街でもある。そして、何よりも人とともに息づいている街というところが人々を魅了してやまない。

地に足の着いたコミュニティ色を好んでいる志向が尊重され、「ありのままの自分らしさ」というコンセプトがそれぞれの心の支えとなっているように窺われる。それに実にポートランドの人は早起きでもある。自分の時間を尊重、確保するために朝早くからしっかりと生産的に働くが、そんな素振りをみせないのもポートランド流だ。短い時間で生産性をより上げることにフォーカスを置いている人と企業が多いのも特徴である。夕方からは、自分らしくあるために思い思いに時間を過ごす。ある人はアウトドアや趣味に、ある人は家族と。仕事に偏重することを避ける知恵を各々絞りだし、メリハリをつける意識を常にしている人が多く見受けられる。

このようなことから推測されるように、一般的なアメリカ観念に対しこびない、流されないという精神は今でも不屈であると信じてやまないし、このことは公私ともに交流させていただいている州知事をはじめ、ポートランドの人々が真剣に取り組んでいる公平かつ健全な社会、経済などの〝ダイバーシティ&インクルージョン〟にもつながると私は感じている。1990年代のカリフォルニアの

IT不況を目の当たりにしたポートランドと近郊の住民は、自分たちが大切にしている「日々の営みにおいての付加価値とその優先順位」に意識を強めると同時に、人に対しての「思いやりと温かさ」「概念の分かち合いと受け入れ」等を意識し、生活を営んでいるのではないだろうか。これは、アメリカで一般的にいう個人主義よりさらに一歩先を行っている。個々人を尊重し、考えや立場の相違を理解しようと互いに努め、健やかに生活を営むことへのリスペクトから来るものであると推測する。またそれは、クリエイティブ・ハブの街、スポーツ・ブランドが集まる街として、同業他社とサテライト協働システムをつくり切磋琢磨していく関係、すなわちコンペではなくコラボという概念からも来ている。

人はどこかで常に新しいものを求め、同時に人生の進む方向を探って生きている。今の私たちの周囲には複雑な社会があり、日々変転することに心を囚われてしまいがちである。そんなとき、ほんのり香るオーガニック・アロマのように、人々の心に癒しと心の羅針盤をいざなってくれるこの街の透明な空気に触れに来てはいかがであろうか。かけがえのない何かを探しに、日々の生活なり仕事なりのヒントとなりうべくことを体感しに、この風通しのよい街でお目に掛かれることを切望している。そして今、この街からいただいた多くの恵みをお返しする番として、まだ見ぬ皆さんとご一緒に自他ともに潤いを覚えるようなお話をしたいと思いを巡らせている。

PDXコーディネーター、
LLC代表　山本弥生
（www. pdxcoordinator.com）

⑤

瀬戸内：
内海文化の共創

SETOUCHI —
CO-CREATION OF
INLAND SEA CULTURE

5-1. 瀬戸内の今

海の上を走る

よく晴れた秋の日曜日。来島《くるしま》海峡大橋のたもとにあるサイクル・ターミナルのサンライズ糸山には、朝から続々と人が集まってくる。サイクル・ウェアに身を包み、自身のスポーツ・サイクルを持ち込む本格的なサイクリストからママチャリをレンタルする女性グループ、そして、小さな子どもを連れた家族まで。彼らの目的は1つ、しまなみ海道で海の上を走る気持ちよさを味わうことである。

サンライズ糸山は、愛媛県今治市にある宿泊施設を併設したサイクル・ターミナルである。しまなみ海道への今治側の出発拠点となっており、さまざまなタイプの自転車を気軽にレンタルすることができる。子ども用も揃う本格的なスポーツ・サイクルにママチャリと呼ばれるシティサイクルや子乗せ電動アシスト付き自転車、その名も今治市のゆるキャラにちなんだバリィさん号などがきちんとメンテナンスされて、揃えられている。

自転車に乗ってみると、サンライズ糸山から来島海峡大橋に向かう道にはサイクリング推奨ルートを示すブルーラインがひかれており、迷うことなく橋に向かうことができる。その道は自転車歩行者専用道路であるため、自動車の往来を心配することはない。ただし、地上から橋の上までの高低差は50メートル以上あるため、カーブ状の専用道路を自転車で登るのは漕ぎなれていない人には少し大変かもしれない。

　けれども、その難関を過ぎると、橋の上では爽快感しか残らない。眼下に迫る海のすばらしさ、その先に見える島々。そして、自転車を漕ぐ間ずっと感じることができる海からの心地よい風。スポーツ・サイクルに乗ったアメリカ人のグループが興奮気味に「コンニチワー！」と手を振って挨拶してくれる。サイクリストの間で有名な亀老山の展望台に行くのかもしれない。小学生ぐらいの女の子が父親に励まされながら、スポーツ・サイクルで走っている姿も微笑ましい。ママチャリに乗った女性グループはお目当てのスイーツをめざしてワイワイと走っている。バリィさん号に興奮するわが子を乗せてスイスイ走る親子も楽しそうだ。70キロメートルに渡っているしまなみ海道は1日で走破することもできるし、[1] 隣の島で町並みや景観を楽しみながらゆっくり走る「ポタリング」を楽しんでもよい。

　人々は今、自転車を楽しむためにしまなみ海道に集まっている。こうした光景がしまなみ海道では日常となっており、とくに平日には外国人サイクリストしか走っていない、といわれるほど、外国人観光客からも高い評価を得ている。

1　今治－尾道間の自動車道は約60キロメートルだが、自転車道は約70キロメートルとなっている（サンライズ糸山－尾道港〔駅前港湾駐車場〕まで）。自転車を趣味とする本格的なサイクリストは約3時間、速い人で4～5時間、体力に自信のある人で5～6時間、初心者はゆっくり走って10時間程度必要という目安が示されている（瀬戸内しまなみ海道振興協議会ホームページより）。

瀬戸内の光と影

瀬戸内海は古来、その温暖な気候と海洋資源に恵まれた多くの島を擁する美しい海であった。１９３４年に国立公園第一号として指定されたことからも、その景観がかつてより評価されていたことがわかるだろう。それと同時に、瀬戸内海は古来、東西海上交通の要であったことから、古くから海運業が発達し、交流が盛んに行われ、東西の文化が交わる地でもあった。それに伴って造船業も発達、瀬戸内は日本の海洋文化の中心地であった。

それが明治期より近代化の波に飲み込まれていくようになる。鉄道をはじめとする陸上交通の発達は海の仕事を奪っていった。銅の製錬所は公害のもととなる亜硫酸ガスを排出するため、直島や犬島といった島々に隔離されるように建設された（柴田、2012）。第二次大戦後の高度経済成長期においても、発展するのは本土の海岸線沿いであった。これらの地域は瀬戸内工業地域として重化学工業を中心に発展したが、瀬戸内海の島々がその恩恵を受けることはなかった。海岸は埋め立てられ、海は汚れ、地元の人たちが泳ぐこともほとんどなくなった。夏には赤潮が発生するようになり、漁獲量も減少、豊かで美しい海とはいえなくなった。こうした中、島の若者は仕事を求めて次々に島を出て行ったが、都会の地で出身の島の名をいうことはなかった。こうして、島は見捨てられた。

1970年代に起こった豊島の産業廃棄物の不法投機問題[2]は、このような危機を象徴している。気がつくと実り豊かだった瀬戸内の島々は近代化の負の遺産を押し付けられ、その後、日本が直面する数々の問題（とくに過疎と高齢化）の最先端を走る島々となっていたのである。

2　豊島のゴミ問題とは、ある業者が大量の有害産業廃棄物を香川県の豊島に持ち込み、不法処理を強行した問題で、住民の反対にもかかわらず、20年以上も続けられた。1990年に業者が兵庫県警に摘発されたことをきっかけに、この事件は世に知られることになる。2000年6月の公害調停により香川県知事が謝罪し、原状回復の合意が成立した。豊島からすべての産業廃棄物が撤去されたのは2017年3月末のことである。

瀬戸内の希望

ところが、近年、瀬戸内は少しずつ希望を取り戻している。直島は現代アートの聖地として世界に知られるところとなり、2010年から始まった瀬戸内国際芸術祭は現代アートを軸に瀬戸内の島々の魅力を国内外に発信している。尾道市と今治市を結ぶ島々を通るしまなみ海道は海外でとくに高く評価され、サイクリストの聖地として自転車を起点としたライフスタイルを瀬戸内に根づかせようとしている。こうした動きに呼応するかのように、民間、自治体も含めてさまざまなところで瀬戸内の価値を取り戻す挑戦が行われている。瀬戸内海は今、そこに住む人々のさまざまな思いがつながり、新たな内海文化の中心地へとステージを上げようとしている。

5-2. 瀬戸内海の変化の兆し：ベネッセアートサイト直島と瀬戸内国際芸術祭

「よく生きる」を考えるための場所

瀬戸内が多くの人にとって単なる海となっ

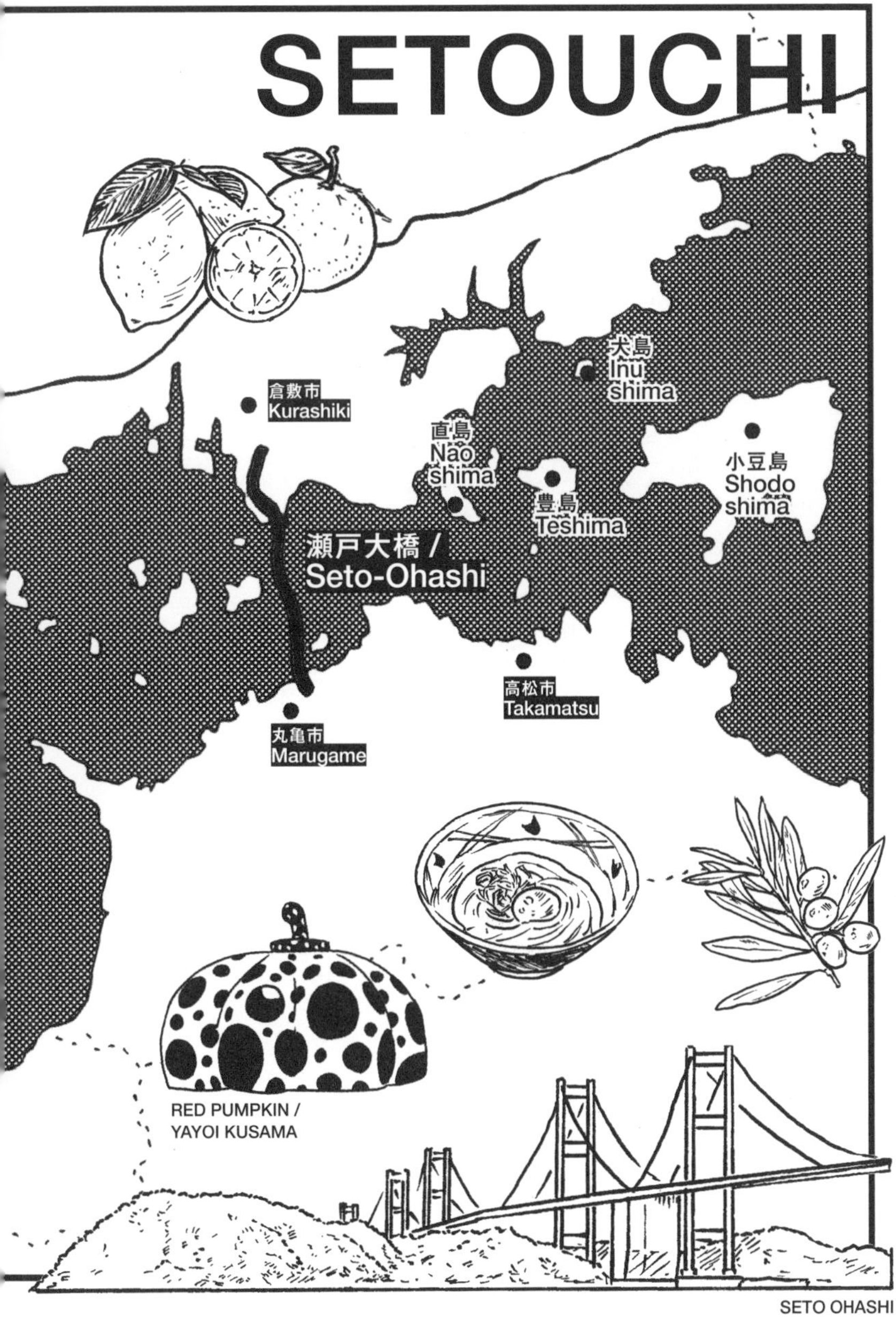
SETOUCHI
倉敷市
Kurashiki
犬島
Inu
shima
直島
Nao
shima
豊島
Teshima
小豆島
Shodo
shima
瀬戸大橋 /
Seto-Ohashi
高松市
Takamatsu
丸亀市
Marugame
RED PUMPKIN /
YAYOI KUSAMA

SETO OHASHI

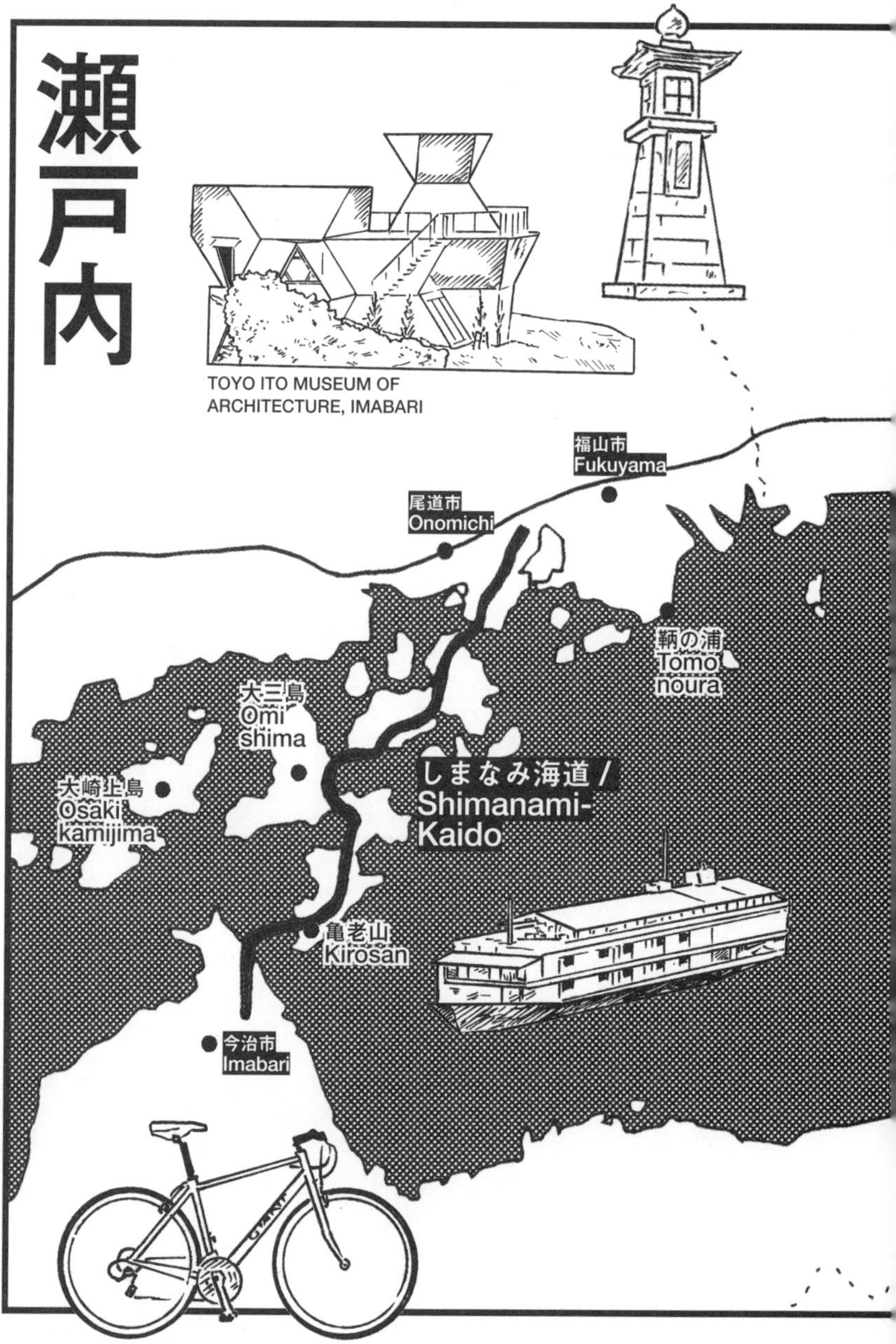
瀬戸内
TOYO ITO MUSEUM OF
ARCHITECTURE, IMABARI
福山市
Fukuyama
尾道市
Onomichi
鞆の浦
Tomo
noura
大三島
Omi
shima
しまなみ海道 /
Shimanami-
Kaido
大崎上島
Osaki
kamijima
亀老山
Kirosan
今治市
Imabari

ていた昭和の時代に、瀬戸内海に希望をつなぐ人がいた。その1人が岡山県出身の福武總一郎である。彼は直島をはじめ、豊島や犬島といった瀬戸内の島々を舞台に株式会社ベネッセホールディングス、公益財団法人福武財団が展開しているアート活動である「ベネッセアートサイト直島」を手がけた、直島を世界的に有名な現代アートの聖地にした人である。

ベネッセアートサイト直島は、1985年に当時の直島町長であった三宅親連と福武書店(現・株式会社ベネッセホールディングス)の創業者である福武哲彦との出会いから始まった。三宅は1959年から95年の9期36年にわたって町長を務め、直島のグランド・デザインをつくった人である。彼の構想は直島を南北に三分割し、北側を大正時代からある三菱金属（現三菱マテリアル株式会社）直島製錬所を核とした「産業地区」に、中央部を教育の場、各集落を中心とした住民の生活の場としての「文教地区」に、国立公園に属していた南側を、自然を生かした「観光地区」にするというものであった（『直島インサイトガイド』126頁)。

通信教育の進研ゼミで成功した福武哲彦にも哲学があった。「福武哲彦さんの持論は『子供にとって勉強は大切だが、夏休みや週末は無人島のようなところで思いっきり遊ぶこと』であり、直島はそんな福武さんの夢を実現するにはぴったりの場所だった」(直島町観光協会会長奥田氏へのインタビュー記事)。

こうして、2人の間に開発の合意がなされた。その半年後に哲彦は急逝するが、その遺志は後継者である總一郎に引き継がれ、文化という価値が付加される。東京での生活が長かった總一郎は本社のある岡山に呼び戻されることになる。最初は刺激のない生活に物足りなさを感じていたが、次第に東京で暮らしていないことの幸せを心の底から感じるようになったという。「本社がある岡山に40歳で戻った時に、『人間の本当の幸せとは何か』を真剣に考えるようになりました」(福武總一郎氏へのインタビュー記事)という彼の思いは、人と文化を育てるエリアを創生する「直島文化村構想」として1988年より発信され、その後のベネッセ(bene+esse〔ラテン語のbeneとesseを組み合わせた造語〕=よく生きる)[3]への社名変更にもつながる。「私自身が〝よく生きる〟ために必要としているもの。それはやはり自然なのです」(福武總一郎氏へのインタビュー記事)という言葉どおり、直島文化村構想は単なる観光開発ではなかった。彼は「よく生きる」を考えるための「場所」すなわち、プレイスとして直島を捉えたのである。

3 福武書店は1995年にベネッセコーポレーションへと社名を変更する。

直島の現実

この構想を実現するために、福武總一郎は国際的に活躍する建築家の安藤忠雄に声をかけるが、安藤は最初、その依頼を断わったという。「当時の直島は、工場の亜硫酸ガスの影響で山は禿げ山、海も汚れていた。こんなところに美術館やホテルを建てたって、人は来ないだろうと」(安藤忠雄氏へのインタビュー記事)。

直島は元からアートの素地がある島であったわけではなく、安藤が言うように瀬戸内では当たり前の貧しい島の1つであった。香川県に属する人口3000人規模の小さな島[4]で、1917年に三菱合資会社を誘致したことにより55年の最盛期は人口7501人にものぼる成長を遂げたが、その代償として島の自然は失われ、「製錬所のあるはげ山の島」と呼ばれた歴史をもつ（柴田、2012）。1970年代には、銅の国際価格の低迷によって製錬事業は低迷。従業員数の削減や高齢化により、島の人口は減少していく。藤田観光を説得し、フジタ無人島パラダイスという観光施設をつくったこともあったが、次第に客足は遠のき、一般的な観光手法では手に負えない地であった。福武總一郎は、このような困難な島で「よく生きる」場所づくりに挑戦したのである。最初は断った安藤もその思いを受け取ることになる。「この島を世界中から人の集まる島にしたいと言う。

その思いを、熱烈に語るわけです。私は内容よりも、その思いに動かされて、やることにした」(安藤忠雄氏へのインタビュー記事)。ここに福武&安藤のコンビが誕生する。

4 2017年4月1日現在の人口は3140人(直島町統計より)。

文化村としての直島の出発

直島文化村構想に従い、1989年に安藤忠雄監修による「直島国際キャンプ場」をオープンさせる。彼が、現代アートを本格的に打ち出したのは92年の「ベネッセハウス」からである。ホテルと美術館を融合した「ベネッセハウス」は自然と建築、現代美術に囲まれて過ごす稀有なホテルとして注目されるようになる。2年後の1994年にはサイトスペシフィック・ワークを確立させるきっかけとなる「OUT OB BOUNDS展」を開催。サイトスペシフィック・ワークとは、アーティストや建築家を招いてその地の特性を生かして作成してもらう作品のことであり、このときに展示された前衛芸術家の草間彌生『南瓜』は直島を象徴する作品となっている。直島では、このようなサイトスペシフィック・ワークを恒久設置することで、直島でしか体験できないアートの場を創造していく。

1998年から始まった家プロジェクトは、

ベネッセアートサイト直島が地域との結びつきを強めるきっかけとなったプロジェクトである。このプロジェクトは、直島の古くからの集落であり、今でも島民の生活が営まれている本村地区に点在していた空き家などを改修し、島の歴史を織り込みながら空間そのものを作品化するアート・プロジェクトである。たとえば、家プロジェクト第一弾となった角屋は、200年ほど前の家屋を改修したもので、屋内では日本を代表する現代美術家の1人である宮島達男の作品が鑑賞できる。彼の作品の1つ「Sea of Time '98」は水面で明滅を繰り返す125個のLEDデジタル・カウンターを設置したものであるが、それぞれのカウンターの速度は直島に暮らす人々が設定しており、現代アートの制作過程に島民が直接関わるきっかけとなった作品でもある。その後、8年をかけて、同地区における作品は現在、7つとなっている。このプロジェクトによって、直島の歴史と生活文化に溶け込む現代アートが楽しめるようになり、島歩きを誘発する仕掛けとなった。

2004年には地中美術館がオープンする。「自然と人間を考える場所」をコンセプトに、その名前のとおり瀬戸内の景観を損なわないよう建物の大半が地下に埋設されている。館内は印象派の巨匠であるクロード・モネの作品を軸に、ジェームズ・タレルとウォルター・デ・マリアといった世界的な現代美術家の作品が置かれ、その3作家の作品を楽しむためだけに安藤によって緻密に設計された空間となっている。都会の美術館では実現できないであろう贅沢な空間と静寂さをもつ地中美術館の評価は高く、結果として直島への観光客数は前年より158％増え10万人を突破、外国人観光客も急増した。その後も活動を続ける中で、直島は「現代アートの聖地」として評価されるようになっていく。

2008年には岡山市に属する人口約50人の犬島に犬島精錬所美術館を開設する。1909（明治42）年に地元資本によって設立された銅の製錬所だが、銅の価格暴落によって10年しか稼動しなかった歴史をもつ。その遺構を三分《さんぶ》一博志《いちひろし》の建築によって現代に甦らせ、中では柳幸典《やなぎゆきのり》の作品を楽しめるようになっている。福武は東京に代表される「在るものを壊し、無いものを作り続け、肥大化する」文明と対照的な「在るものを活かして、無いものを創る」文明の象徴として、犬島精錬所美術館を開設した（『日本経済新聞』朝刊、2012年4月7日）。

現代アートでつながる島々：瀬戸内国際芸術祭

こうしたベネッセアートサイト直島の活動は、2010年から始まった瀬戸内国際芸術祭につながっていく。瀬戸内国際芸術祭2010は、もともとトリエンナーレ構想をもっていた香川県に福武財団が声をかける形で実現された現代アートの祭典である。実行委員長は香川県知事が務め、総合プロデューサーの福武總一郎と総合ディレクターの北川フラムが中心となって進められた。北川は2000年より新潟県で行われていた「大地の芸術祭　越後妻有トリエンナーレ」を企画、成功させた人であり、福武から直々に瀬戸内での芸術祭への協力を依頼されたという。

こうして、第1回目は福武が直接関わっている直島と犬島、豊島以外に、かつてより観光の島であった小豆島や、高齢化が進んでいた男木島と女木島、ハンセン病の隔離施設がある唯一の離島である大島、高松港周辺で行われた。偏見にさらされ隔離されてきた大島だけでなく、この芸術祭に参加した多くの島が自分たちの存在を知ってほしいとの思いをもっていたという。

ベネッセアートサイト直島としても、瀬戸内国際芸術祭のプレオープンとして6月に安藤建築による李禹煥《リウーファン》美術館を直島に開館させただけでなく、会期中の10月に、産業廃棄物を押し付けられていた豊島に豊島美術館[6]を開館した。その結果、30万人を見込んでいた瀬戸内国際芸術祭の来場者数は期待をはるかに超える延べ94万人となり、40を超える海外メディアの取材も含めて世界的に注目されるイベントとして大成功のうちに終わった。しかし、予想外の混雑やゴミ問題など多くの課題も残された。

その後、3年をかけて次なる芸術祭の準備を進めた2013年に行われた第2回では、会期を3期に分けただけでなく、沙弥島、本島、高見島、粟島、伊吹島に加え、岡山市からの出発拠点となる宇野港周辺が新たに加わった。ベネッセアートサイト直島も「ANDO MUSEUM」をオープンさせ、安藤建築の聖地としてもアピールし、結果として108日間で107万人の来場者を迎えることに成功する。海外からの関心も高く、瀬戸内国際芸術祭をモデルとした美術展をしたいとヨーロッパやアジアから声が寄せられたという（『朝日新聞』朝刊、2010年12月21日）。2016年の第3回目の芸術祭も結果として108日間で104万人を集め、その人気は不動のものとなった。前2回と比べて外国からの観光客数が急増[7]、滞在日数も伸びたとされ、その意味では観光としての質も高まったと評されている。

5　香川県では、2004年、当時の若手職員の政策研究会の中で、香川にある優れたアート、建築群を利用して地域の活性化を図るという「アートアイランド・トリエンナーレ開催の提言」が行われていた。

6　金沢21世紀美術館によって世界的に活躍するようになった西沢立衛による設計で、建物内部には内藤礼による「母型」という作品が展示されている。

7 香川県が来場者に対して行っている記入式アンケートによると、2016年度は居住地が「外国」とした割合が13・4%で、2013年の2・6%、2010年の1・1%から急増していることがわかる（『朝日新聞』朝刊、2017年1月6日付、25面）。

瀬戸内国際芸術祭が生み出した海の物語

近年、地方では現代美術館や芸術祭による地域振興がもはやブームとまでなっている。瀬戸内国際芸術祭2016が開催された2016年を例にとっても、ビエンナーレやトリエンナーレをはじめとする主要な芸術祭が全国各地で8つほど行われた。その中でも瀬戸内国際芸術祭は、60万人を集めた「あいちトリエンナーレ」をはるかに超え、最も来場者数が多い芸術祭となった。[8] 条件が異なるので一概にはいえないが、瀬戸内の島々に多くの人が来たのは事実である。瀬戸内国際芸術祭そのもののプラットフォームは「大地の芸術祭」でつくられたものであるが、大地の芸術祭の来場者数は2015年度で51万人[9]であり、その点からも瀬戸内国際芸術祭に多くの人が魅せられているのがわかるだろう。都会の喧騒の中ではなく、静かで自然豊かな場所でアートを楽しむこと自体が特別の体験として人々には映ったに違いない。

ただし、それは大地の芸術祭でも同じである。

では、瀬戸内国際芸術祭の魅力は何であろうか。それは島と海の発見であったに違いない。多くの人が現代アートや安藤建築などを見るためにわざわざフェリーに乗りこんだが、その過程で島の住民と触れ合ったり、島の食を楽しんだり、海に沈む夕日を眺めたりした。こうした島々を楽しむという体験は他の芸術祭では味わえないサイトスペシフィック・コンテンツであり、現代アートに興味のない人たちにも島々を訪れるきっかけを与えた。船の上で風を受け、水しぶきを感じながら見る瀬戸内の島々は現代アートとともに多くの人に感動をもたらしたのである。

それとともに、現代アートが交わりの舞台として果たした役割も大きい。大地の芸術祭と瀬戸内国際芸術祭に共通しているのは、アーティストがその土地のことを真剣に考え、一所懸命に作品をつくることであり、その姿勢を受けて地元の人が積極的に作品に参加するようになって成功しているという点である。北川は言う。「作品制作の過程で、材料を提供したり、お茶、おにぎりの差し入れもあるし、地元の人々の手助けがなければまったく成立することはない類の作品もあり、そこに協働が成立する。そのとき、作品は1人アーティストだけのものではなく、土地の住民のものになる」（『直島から瀬戸内国際芸術祭へ』6頁）。こうして、アーティストと島の人々が一体になって瀬戸内の島ならではのアートを作り出し、それが地元の人を元気にするという好循環が起きることとなった。

　こうして瀬戸内国際芸術祭は人と人との交流を越え、海と島との交流を促した。島々に来る観光客との交流はもちろん、島で長期間活動したボランティアたち（こえび隊と呼ばれる）と島の人との交流もあり、閉会後には島と島との交流も始まった。これまで瀬戸内の島々は本土と自分たちの島だけの、交流ともいえない直線移動しかなかったが、周囲の島との交流によってその島を知り、それが自分たちの島を知ることにつながったのである。

　瀬戸内国際芸術祭では船しか移動手段がなく、しかも、島々は瀬戸内海に点在しており、その意味で他の芸術祭と比べても格段にアクセスが悪い。しかし、それさえも非日常を演出したとして、来場者の高評価やリピーターに結びついた。多くの人々が瀬戸内の島々の中で都会の喧騒を忘れ、「よく生きる」ことの意味を考えてくれたのである。

8　瀬戸内国際芸術祭では、それぞれの島で来場者数をカウントしているため、1人が3島を巡ると3人とカウントされるので、注意が必要である。しかし、新幹線の通る愛知県と比べるとわかるが、船でしか行けないというアクセスの悪さを考慮すると、この来場者数は多いといえるだろう。

9

ただし、大地の芸術祭は6回の開催で毎回、来場者数を伸ばしており、2015年は過去最高を記録している。

5-3. 海の上を走る：しまなみ海道とサイクリング文化

サイクリング・ロードの誕生

瀬戸内海には現代アートとともに、もう1つの新しい文化が生まれようとしていた。それが瀬戸内しまなみ海道（以下、しまなみ海道）を起点としたサイクリングである。

しまなみ海道の正式名称は西瀬戸自動車道であり、本州と四国をつなぐ3つ目の連絡道路として1999年に開通した。[10] 広島県尾道市と愛媛県今治市の間に点在する芸予諸島を9つの橋でつないでいる。しまなみ海道の最大の特徴は3つの本州四国連絡道路の中で唯一、自転車歩行者専用道路[11]が設置されていることである。これが後に世界で最もすばらしいサイクリング・ロードの1つとして絶賛されるのだが、それは偶然の産物だった。

自転車歩行者専用道路は、今治地方観光協会会長でもあり、日本サイクリング協会前副会長の森恒雄が地元関係者とともに設置を訴え、実現させたものである（『日経MJ』

２０１３年２月18日）。先に架かる瀬戸大橋は鉄道道路併用橋、明石海峡大橋は世界最長のつり橋と特色があったが、西瀬戸自動車道には特筆すべきものがなかった。「このままでは、しまなみ海道は埋もれてしまう」という危機感をもった森は、他の市議や商工会議所、婦人会のメンバーらと国に粘り強く働きかけ、当初の計画にはなかった自転車歩行者専用道路の実現にこぎ着けたのである。

ただし、自転車歩行者専用道路に対する温度差が尾道側と今治側にはあった。尾道側では当初、歩行者の利用がメインだろうと考えられていた。今治市では橋が架かる前からサイクリング・システム（乗り捨ての仕組みなど）の研究・調査をしており、橋が開通する１カ月前の１９９９年４月にサンライズ糸山をオープンさせている。その結果、レンタサイクルの利用者も尾道側より多かった。しかし、こちらも市民の健康増進施設という位置づけで進められており、観光の目玉になるとは考えていなかったという。森をはじめとした地元のサイクリストが定期的にイベントを仕掛けるも、しまなみ海道が注目を浴びることはなかった。実際、開通当初７万台が利用されていたレンタサイクルは翌年から下がり続け、２００５年には３万台と開通当初の半分以下になっていた[12]。

10　生口島と大島の島内に未開通部分が残

っていたため、自動車専用道路としては2006年4月に全通を果たした。

11　厳密には原付および125cc以下の原動機付自転車も通行することができる。

12　愛媛県側と広島県側の合計値。今治市提供資料より。

ジャイアントとの出会い

それが海外の著名人もお忍びで通い、平日には外国人しか走っていないといわれるほどの人気のサイクリング・ロードとして、世界から注目されるようになった大きなきっかけは2012年5月10日から15日にかけて行われた「台日交流　瀬戸内しまなみ海道サイクリング」(以下、台日交流サイクリング)である。このイベントには、台湾から世界最大手の自転車メーカーGIANT（以下、ジャイアント）の劉金標会長（当時）を筆頭に旅行会社や航空会社、メディア関係者を含む43名が訪れ、しまなみ海道を中心とする瀬戸内海の島々での海上サイクリングを楽しんだ。劉会長は77歳（当時）ながら、4日間で265キロを走行し、「橋の上から見える海とたくさんの島々の景色が素晴らしい。変化に富んだ、世界に発信できるサイクリングコースだ」としまなみ海道を絶賛した（『朝日新聞』朝刊、2012年5月14日）。台湾をもてなす日本側からも愛媛県の中村時広知事や菅良二今治市長、しまなみ海道のもう1つの玄関口である広島県の湯崎英彦知事や平谷祐宏尾道市長などが参加し、総勢150名でのサイクリング・イベントになり、国内外のマスコミを多く集めた。

ジャイアントを創業し一代でグローバル企業にまで育てた劉会長は「世界中の人々が、自転車のある豊かな生活を、生涯にわたり楽しめるようになる」ために、自転車を通して自然とつながり、人とつながり、そして人生を楽しもうというコンセプトである「RIDE LIFE」というライフスタイルを提唱している。自身も2007年当時、73歳で初めて台湾一周約927キロを走破し、台湾でスポーツ・

サイクルのブームを起こした。自転車の父と呼ばれ、その後も世界各地でロングライドに挑戦している。そのチャレンジ先の1つとして日本を考えていたが、候補地は当初、しまなみ海道ではなかった。

そこに猛烈なアプローチを仕掛けたのが2010年に愛媛県知事に就任した中村時広であった。彼は知事選のときに「しまなみ海道を世界に情報発信する」という公約を掲げている。松山市長時代から、東京を経由せず海外と直接つながることの重要性を感じていた中村知事は、ジャイアントのサポート選手である門田基志が今治市在住であり、同じ自転車仲間が県庁内にいると知る。そこで、門田を通じてジャイアントに直接アプローチをしたのである。その後の行動は早かった。翌年11月には中村知事が台湾にあるジャイアント本社に出向き、劉会長を表敬訪問する。そこで強い友好関係が成立し、このイベントが実現した。中村知事は当初、単なるイベントとしてサイクリング大会を考えていたという。ところが、劉会長との出会いで考えを根本から変え、その後は自身もサイクリストとして自転車を楽しむようになり、健康や生きがい、友情をもたらしてくれるツールとしての「自転車新文化」を提唱していく（『日本経済新聞』2013年3月19日）。

ちなみに2人の仲介役となった門田基志は、高校生の頃から自転車レースに出場するほどの根っからのサイクリストで、今治市内にある実家の焼き鳥店を手伝いながら、2003年よりプロとしてアメリカの自転車メーカーと契約、2007年にジャイアントに移籍していた。ものづくりの町としての今治市の栄枯盛衰を見てきた彼は、選手として各地のレースを転戦する中で、「しまなみ海道は全国に通用するサイクリング・ルートだ」という確信をもつとともに、それが認知されていないことの物足りなさも感じてきた。「自転車で海を渡る気持ちよさは一度体験したらやみつきになる。多くのサイクリングファンを呼び寄せ、地元経済にも貢献したい」(『毎日新聞』地方版、愛媛、2003年10月11日)と、以前よりしまなみ海道でさまざまなサイクリング・イベントを仕掛けていた。その思いが、2011年に中村知事の面識を得ることで動き出したのである(『日本経済新聞』2014年5月29日)。

ジャイアントが見つけたしまなみ海道の潜在力

ジャイアント側も今治側の熱意に応え、台日交流イベントの前月にJR予讃線今治駅構内にジャイアントストア今治をオープンさせる。ジャイアントのブランド・ストアとしては国内8店舗目だが、堅実経営のジャイアントが地方都市で直営店を出すのは世界初ということで、全国の自治体から注目された。国内ジャイアントストアとしては初のレンタサイクル・サービスを提供する店舗として、ジャイアント社の最新機種をレンタルできるだけでなく、シャワールームなども完備されており、しまなみ海道を楽しむためのサイクル拠点として位置づけられた。ちなみに、この用地はJR四国のもつ休眠物件だったが、ジャイアントとの交渉の中で、JR四国もスポーツ・サイクルの可能性に理解を示し、快くサポートしてくれることとなった。このようなさまざまな思いが台日交流イベントにつながり、しまなみ海道はサイクリングの聖地となるべくスタートを切る。

日本は「ママチャリ」といわれるシティ・サイクル、すなわち移動手段としての自転車が支配的な市場であり、レジャーとしてのスポーツ・サイクルの成長余地が大きいとされる。実際、世界でブームとなっているのは数万円から数十万円もする本格的なスポーツ・サイクルであり、台湾でもジャイアント社が旗振り役となり、週末はスポーツ・サイクルで遠出するという健康的なライフスタイルが台湾全土で定着している。日本においても通学・通勤・買い物といった短い距離を効率的に移動するための自転車から、乗ることを楽しむための自転車へと価値の転換が必要であった。

乗ることを楽しむスポーツ・サイクルの入門として、しまなみ海道は最適であった。まずはそのライド体験。ジャイアント関係者からはフライング・サイクル、すなわち飛んでいるように走っているようだ、という感想も出たぐらいのサイトスペシフィック・コンテンツである。しまなみ海道は最初から自転車道として側道を造っているため、自動車を心配することなく海風を受けながら瀬戸内海の景色を楽しむことができ、それ自体が他にはない圧倒的な強みとなっている。そのうえ、70キロメートルという距離は、本格的なサイクリストが1日に走る距離としては物足りないという距離だが、そこにはサイクリストを唸らせる文化の多様性がある。しまなみ海道の両側の拠点である尾道と今治は自動車ならば1時間で行ける距離だが、造船やタオル産業などで栄えたものづくりの町・今治と、独自の地形から生み出された町並みによって映画監督や作家に愛された文化の町・尾道では、その文化は大きく異なる。2つの都市の間に点在するそれぞれの島にも固有の食文化や景観、伝統があり、それぞれの島の楽しみや違いを発見することができる。こういった多彩なサイクリングの楽しみ方を提供できるという強みが、しまなみ海道にはあった。

世界のサイクリストから注目されるサイクリング・ロードへ

その潜在的な魅力に目をつけたジャイアントが台日交流イベントを積極的に発信してくれたことで、スポーツ・サイクル先進国の台湾人サイクリストが急増する。その後、ジャイアントのグローバル・マネージャーズ・

ミーティングも同年11月にしまなみ海道で行われた。台日交流イベントに参加した社員からの社内での口コミによって、各国にあるジャイアント支社長の研修の地としてしまなみ海道が選ばれたのである。その結果、アメリカやヨーロッパのジャイアント経営陣がしまなみ海道を走り、そのすばらしさを絶賛してくれたことから、欧米への口コミに火がついた。

その1つが2013年2月に発売された『ミシュラン・グリーンガイド・ジャポン』（フランス語版）での一つ星の獲得であり、2014年6月のCNNの「世界の最もすばらしいサイクリング・ルート」(the world's most incredible bike routes）の7つのうちの1つに選ばれたことである。こうした評価は欧米のサイクリストたちに広く知られるところとなった。

サイクリストの期待に応える

こうした期待を裏切らないよう、愛媛県も広島県に協力を呼びかけ、国際サイクリング大会「サイクリングしまなみ」を2014年10月に開く。この大会は自動車専用道路を封鎖して行われた大規模なもので、国内46都道府県、海外からは31の国・地域から7281名が参加した。この大会は規模も大きいことから4年に1度の開催をめざしており、その間に小規模や中規模の大会が毎年のように行われている。

こうして同志となった愛媛側と広島側は、協力してサイクリング環境の整備に力を入れるようになった。広島側の発案だったブルーラインは尾道駅前から今治駅まで、サイクリストが迷うことなくゴールまで快走できるように整備された。また、しまなみ海道の自転車通行料の無料化[13]や自転車をそのまま載せることができる「サイクルトレインしまなみ」の運行、サイクルロード沿いや島内の各所には空気入れやトイレ、休憩スペースなどを備えた「サイクルオアシスしまなみ」が整備された。

このサイクルオアシスの管理・運営に協力する団体の1つが、今治市で活動するNPOシクロツーリズムしまなみである（『朝日新聞』2016年6月1日）。自転車旅行の魅力を発信するために、ガイドブックを発行するだけでなく、チャーター船に自転車を積んだ瀬戸内の島めぐりやサイクル・トレインを使ったツアーの企画や運営を手がける。シクロ・ツーリズムのスタッフの1人である宇都宮一成は、夫婦で世界中を自転車旅行した末に、代表の山本優子に声をかけられて今治に移住した筋金入りのサイクリストである。サイクリングを軸に、実にさまざまな人たちがつながり、動き出しているのである。

13　愛媛県・広島県・今治市・尾道市の共同で、しまなみ海道を管理する本州四国連絡高速道路株式会社や国土交通省の協力を得て、2014年7月から無料化されている。期間限定であるが、2018年3月31日までの無料化はすでに決定している。

動き出す尾道

この動きに化学反応を起こしたのが尾道市である。しまなみ海道ができる以前より観光地として栄えていた場所であったが、世界レベルの発信力をもつサイクリングに新たな希望を見出すこととなった。その動きの1つがディスカバーリンクせとうちである。

ディスカバーリンクせとうちは、広島県東部の中心都市である福山市出身の40代の経営者たちが集まり、2012年6月に起こした会社である。彼らは利益最優先の企業ではなく10年、20年先に街のためになることを第一の目的とし、そのために必要最低限の事業性、すなわち継続のための仕組みを考えようということで、株式会社ながらもまちづくり会社としての機能を果たしている。この地元への思いは創業メンバーがもつ危機感から来ている。彼らが携わる仕事は繊維や造船といった労働集約型産業であり、それらの工場が海外に移っていく中で、今後も地域においてどうやって雇用を守り、生活を支えるかを真剣に議論したという。同社はONOMICHI U2（オノミチユーツー）を中核事業とし、その他にも尾道や鞆の浦の歴史的価値のある

建物のリノベーションやデニム・プロジェクトなどに取り組み、地域での雇用創出をめざしている。

2014年3月にオープンしたONOMICHI U2は長年にわたり使用されていなかった県営2号上屋倉庫をリノベーションした「サイクリスト・フレンドリーな複合施設」であり、ホテル、レストラン、カフェ、ベーカリー、ショップなどが併設されている。リノベーションは広島県出身の建築家谷尻誠が率いるSUPPOSE DESIGN OFFICEが担当し、現代美術家として注目されている名和晃平が監修を務めるULTRA SANDWICH PROJECTのアート作品なども楽しめる。ホテルでは自転車に乗ったままチェックインでき、部屋への持ち込みも可能となっている。また、施設内には今治市の菅市長とともにサイクリングの聖地であるしまなみ海道を盛り上げていこうとする尾道市の平谷市長が誘致したジャイアントストア尾道も入っている。本格的なスポーツ・サイクルで「しまなみ海道」を縦断したいというニーズが高まる中、ジャイアントストア尾道のオープンによって、ジャイアント社の最新機種で尾道から今治までは今治から尾道での乗り捨ても可能となった。同施設の宿泊者の3割から4割が外国人であるとされ、外国人サイクリストの口コミの誘発にも一役買っている。

その他にも、同社のプロジェクトの1つ「せとうち　湊のやど」は、尾道の町中に点在する歴史的建築物を気鋭の建築家や日本を代表する建築家の手により、滞在施設として再生するというプロジェクトである。それらの建物は宿泊施設として運営されており、尾道にある歴史的建築物の保存と維持のために事業性を考えた一例となっている。また、2013年より行われている尾道デニムプロジェクトは、世界有数のデニム産地である尾道を含む備後地方が国内外にアピールできていないという問題意識から、尾道で働くさまざまな職種の人たちに1年間ジーンズを履いてもらい、機械加工ではなくユーズド・デニムを育てるという企画である。漁業や農家、大工・左官・住職など参加者の職業は多岐にわたり、プロジェクト開始から延べ500人

の市民が参加し、若者やクリエイティブな人たちの関心を集めている。2015年から始まったONOMICHI SHARE（オノミチ・シェア）は尾道市が保有する海岸沿いの書庫（書類を保管する倉庫）をリノベーションしてシェア・オフィスにしたもので、地域のイノベーション創出拠点となっており、コミュニティの機能も果たしている。

　このようにディスカバーリンクせとうちは尾道を中心に地域と積極的に関わり、その魅力を発信している。同社の代表である出原《いではら》昌直《まさなお》は「もしこの街にしまなみ海道がなかったら、ディスカバーリンクせとうちはできていなかったかもと思うぐらいの資産」だとしまなみ海道に希望をつなぐ。ディスカバーリンクせとうちは現在、尾道を中心に活動しているが、その社名からもわかるように「瀬戸内」の魅力を発見し、つなげていきたいという思いが込められている。その意味で、今後は広く瀬戸内をつなぐ役割を果たしてくれるだろう。

5-4. つながる瀬戸内

内海をつなぐ挑戦

目の前に広がる瀬戸内海。その広域にわたる内海は長い間、分断されていた。というのも、地域住民の福利厚生を考える行政担当者にとって自分の行政区域のみが海であり、その区域のみの発展を考えてきた。それぞれの地域に住む人たちも、自分たちの目の前にある海だけが瀬戸内海だと思っていた。その結果、同じ問題を抱えているにもかかわらず、また同じ可能性をもっているにもかかわらず、行政単位という見えない縛りによって、その価値が磨かれることはなく、海は一様に疲弊していたのである。

瀬戸内に現代アートやサイクリングといった希望が増えてきた頃、瀬戸内がもつ価値と可能性を全体で共有するという、簡単なようで、これまでありえなかった挑戦が生まれた。

それが瀬戸内海を囲む7県による広域連携である。瀬戸内がつながるというアイディアは壮大な試みであった。まず、一般的に広域連携は難しいとされる。近年は観光圏をはじめとして国も広域連携を奨励しているが、その多くはこれまで歴史的・経済的に関係のあった近隣都市同士のものであり、かといってそこで大きな成果が出ているわけでもなく、課題も多く指摘されている（徳山・長尾、2013)。そのうえ、瀬戸内海を囲む7県は電力会社や銀行をとっても中国と四国で分かれており、隣の県は基本的にはライバル関係である。しかも山口県は九州圏との関係が深く、兵庫県は関西圏に属している。こうしたあらゆる違いを乗り越えて連携しようというのである。

この連携の音頭をとったのは広島県であった。瀬戸内国際芸術祭に成功しつつも、瀬戸内海全体が1つの価値であるというところに共感してくれた香川県をはじめ、少しずつ各県が賛同してくれることとなり、2013年4月に瀬戸内海に面する7つの県（兵庫県、岡山県、広島県、愛媛県、山口県、徳島県、香川県）による瀬戸内ブランド推進連合が発足する。歴史も文化も事情も異なる県同士がつながることができたのは、やはり瀬戸内の疲弊に対する危機感を各県がもっていたからであろう。

瀬戸内スティーレというコンセプト

瀬戸内の価値を信じて集まった7県が最初に行ったのは瀬戸内を知ることであった。瀬戸内に眠る多様な資産を棚卸しするため、7県の担当者は船で瀬戸内海を巡る。その結果、担当者たちは初めて自分たちの知らない内海があったことを認識し、船旅の潜在力も含めて、瀬戸内の可能性を知ることになる。

こうした共通認識をベースに、瀬戸内ブランド推進連合は事業の指針となるブランド・コンセプトづくりに挑む。綿密な調査とヒアリングのもと、生まれたコンセプトは「瀬戸内スティーレ」。地中海を彷彿とさせる、瀬戸内海ならではの、ゆったりとした生き方を「スティーレ」(イタリア語でスタイルという意味)という言葉で表している(『瀬戸内ブランドブック』)。1860年にドイツの地理学者でシルクロードの名づけ親でもあるリヒトホーフェンが瀬戸内海を訪れ、「これ以上のものは世界のどこにもないであろう」(The inland sea is the most beautiful in the World.)と評した瀬戸内。その価値を表すためのロゴマークも作成された(図5-1)。

瀬戸内スティーレは今ある、確立した瀬戸内の生き方ではない。現代アートやサイクリングといった海をめぐる瀬戸内の、未来のライフスタイルを模索することの意味がこのコンセプトには込められている。

拡散共創する内海

広域連携としての具体的な取り組み方針は、

図5-1　瀬戸内ブランドロゴ

できるところから手をつけていこうということになった。７県の予算も事情もそれぞれ異なることから、全体で大きな事業を計画・実行していくのではなく、それぞれの県が取り組める事業を瀬戸内という視点で再編成していくことにしたのである。

こうした事業の１つとして、瀬戸内ブランド登録商品がある。[14] これは瀬戸内特有の資産を用い、創意工夫によって開発され、「瀬戸内」の知名度やイメージを高める商品やサービスなどを「瀬戸内ブランド」として登録するものである。

瀬戸内ブランドの１つに、広島県が取り組んだ瀬戸内レモンがある。瀬戸内海の気候がレモンの生育に適していたことから、広島県はレモンの生産量が日本一であり、防カビ剤が使われている輸入品と異なり、皮ごと食べられる質の高いレモンを生産していた。このレモンの認知度を高めようと、広島県が仕掛けたのはカゴメ株式会社とのタイアップである。両者によるレモンの勉強会が重ねられた末、2012年2月に発売された「野菜生活100瀬戸内レモンミックス」は1600万本を超えるヒット商品となり、瀬戸内レモンは一気にその知名度を上げることになる。「広島レモン」ではなく、あえて瀬戸内の恵みであることを価値のベースに「瀬戸内レモン」にしたことが、県を越え瀬戸内と企業の両方に効果をもたらすこととなった。

同じく、サントリーも瀬戸内の可能性に乗ってくれることとなる。同社が2013年に瀬戸内エリア限定で発売した「トリスハイボール缶〈瀬戸内すだち&レモン〉」は、徳島県産すだちと広島県産レモンを用いており、2016年には期間限定で全国発売になっている。こうしたメーカーの動きは小売にも波及する。イオンや高島屋といった大手小売店が「瀬戸内ブランド」の売り場コーナーを設けるなど、その知名度向上に協力を惜しまなかったのは、これまでにない新しい試みへの期待も入っていたからに違いない。

また、個別の県同士の連携事業としては「瀬戸内しまのわ2014」がある。瀬戸内の冠をつけてはいるが、広島県と愛媛県の2県による連携事業である。広島県と愛媛県の沿岸部と島嶼部で開催された「瀬戸内しまのわ2014」は観光イベントではなく、観光の意識を高めるためのまちづくりイベントとして位置づけられた。2014年3月21日から10月26日までの開催期間中、地元住民が主導する272もの民間企画のイベントが行われ、来場者数は合計で82万人にのぼった（瀬戸内しま博覧会「瀬戸内しまのわ2014」実行委員会事務局提供）。

瀬戸内ブランド推進連合に関わる自治体関係者によると、これまでの連携事業では、パンフレットやマップを作る際、平等性ばかりを考えて、各県2つずつ観光資源を載せましょう、ということをやっていたという。その結果、価値を伝えるという真の目的を忘れてしまい、つまらない調整にばかり時間が取られていた。瀬戸内ブランド推進連合では、そのような調整は考えられないという。それぞれのプロジェクトは「瀬戸内の価値」を考え自分たちでできることを行っているだけだが、それらの活動がつながり、瀬戸内を世に広めていく。行政の壁を越え、民間を巻き込み、内海の価値を生み出す、本当の動きが始まったといえるだろう。

14 開始当初はブランド認定商品と呼ばれていた。

内海のブランド価値を上げる：せとうちDMO

瀬戸内ブランド推進連合の各県が強く感じた可能性の1つは瀬戸内海を巡る観光であった。彼らの前でつながった内海には、北海道や沖縄のように1度ならず2度3度と訪れてみたい場所としての可能性が感じられた。ただし、縦割り行政によって分断された内海を巡るためには、7県が協力してインフラ整備や規制緩和を行うだけではなく、より戦略的な動きが必要になってくる。

そこで、瀬戸内の観光戦略を実行するためにせとうちDMOが組織された[15]。せとうちDMOは、瀬戸内ブランド推進連合をベースとした一般社団法人せとうち観光推進機構と株式会社瀬戸内ブランドコーポレーション（以下、SBC）で構成されている。最大の特徴は金融機能（SBCが担当）をもったDMOということで、世界的にも類がない試みである。SBCは7県の地方銀行や日本政策投資銀行などが出資したファンド機能をもち、新しい事業に積極的に投資することができる。たとえば、2016年8月に決定したファンド投資1号案件は尾道市にある株式会社せとうちクルーズのクルーズ船の造船と事業開発への出資である。瀬戸内周遊クルーズ事業に対して、せとうちDMOはそのプロモーションも含めて支援していくことになっている。多くのDMO組織が自治体からの補助金を用いてのプロモーションに特化してきた中、せとうちDMOは瀬戸内のブランド価値を高めるような新たな観光事業の創造に取り組みはじめている。

15 DMOとはDestination Management / Marketing Organizationの略称で、観光地のマネジメントを行う専門組織のことを意味し、欧米を中心として発展してきている。日本においても2015年度より、日本版DMOの育成が政策に盛り込まれるようになり、各地域の観光施策の核として2020年までに100団体を目標としている。

5-5. 内海の復権：変わる瀬戸内

瀬戸内の意味の変化

ここで、瀬戸内に関する意味の変化を自由連想データのテキスト・マイニング分析によってみておこう[16]。図5-2左は、2012年に首都圏在住の20代から50代を対象として行われた瀬戸内の自由連想に関する調査結果であり、図5-2右は同様の手続きで行われた2016年度の調査結果である[17]。

この自由連想の結果を比較すると、海という言葉をキーワードに、穏やかな気候やきれいな景色、おいしい海の幸といった首都圏在住の人々の意識構造は大きく変わっていないことがわかる。ただし、海からつながる瀬戸大橋の先にある瀬戸内海についての連想は大きな変化がみられる。

まず確認したいのは、しまなみ海道での動きがスタートする年である2012年時点では、瀬戸内に関して「わからない」という連想があったことである。この時期は瀬戸内国際芸術祭も2010年に第1回目を終えたところであり、瀬戸内ブランド推進連合も動き出す前ということで、「島」という連想を見てもたくさんあるだけというイメージだった。

その他は歴史教科書で知りえたような固定的なイメージであり、首都圏在住者の瀬戸内に関するイメージが貧弱であったことがわかる。

ところが、2016年になると、島のイメージが豊かになっていることがわかる。たとえば、「島」のイメージは直島やアートと結びついており、「島々」のイメージは「瀬戸内しまなみ海道」と結びついている。現代アートやサイクリングが瀬戸内海の連想を豊かにしていることがわかるだろう。また、瀬戸内レモンも、新たに生まれた連想であり、瀬戸内海の島と強く結びついている。瀬戸内のさまざまなところで生まれた動きが人々の心の中においても豊かなイメージ形成につながっているのである。

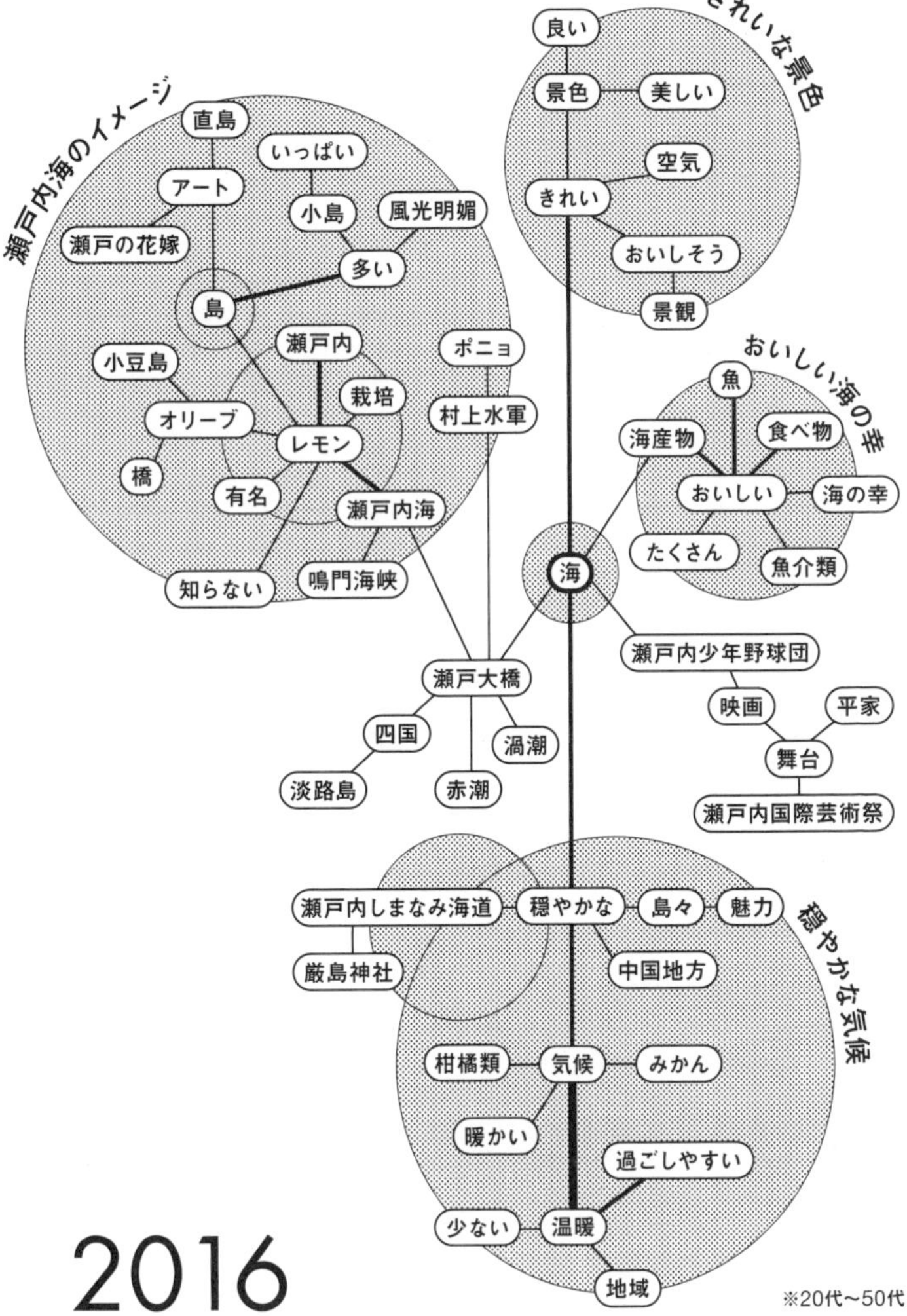

瀬戸内海のイメージ
直島
いっぱい
アート
小島
風光明媚
瀬戸の花嫁
多い
島
瀬戸内
ポニョ
小豆島
栽培
村上水軍
オリーブ
レモン
橋
有名
瀬戸内海
知らない
鳴門海峡
きれいな景色
良い
景色
美しい
空気
きれい
おいしそう
景観
おいしい海の幸
魚
海産物
食べ物
おいしい
海の幸
たくさん
魚介類
海
瀬戸内少年野球団
瀬戸大橋
映画
平家
四国
渦潮
舞台
淡路島
赤潮
瀬戸内国際芸術祭
瀬戸内しまなみ海道
穏やかな
島々
魅力
穏やかな気候
厳島神社
中国地方
柑橘類
気候
みかん
暖かい
過ごしやすい
少ない
温暖
地域

2016

※20代〜50代

図5-2　瀬戸内ブランド自由連想

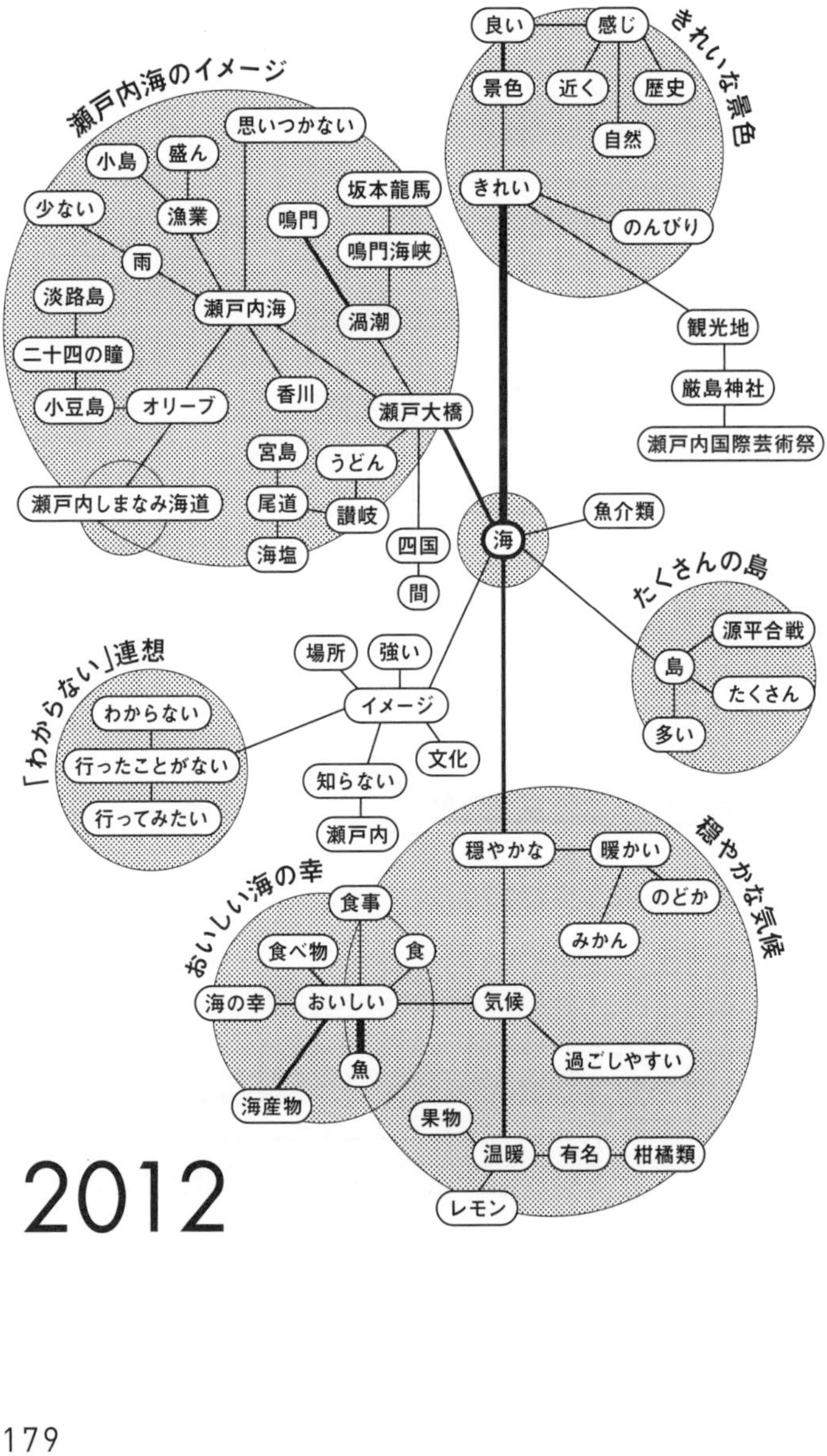

図5-3 瀬戸内ブランド価値(抜粋)

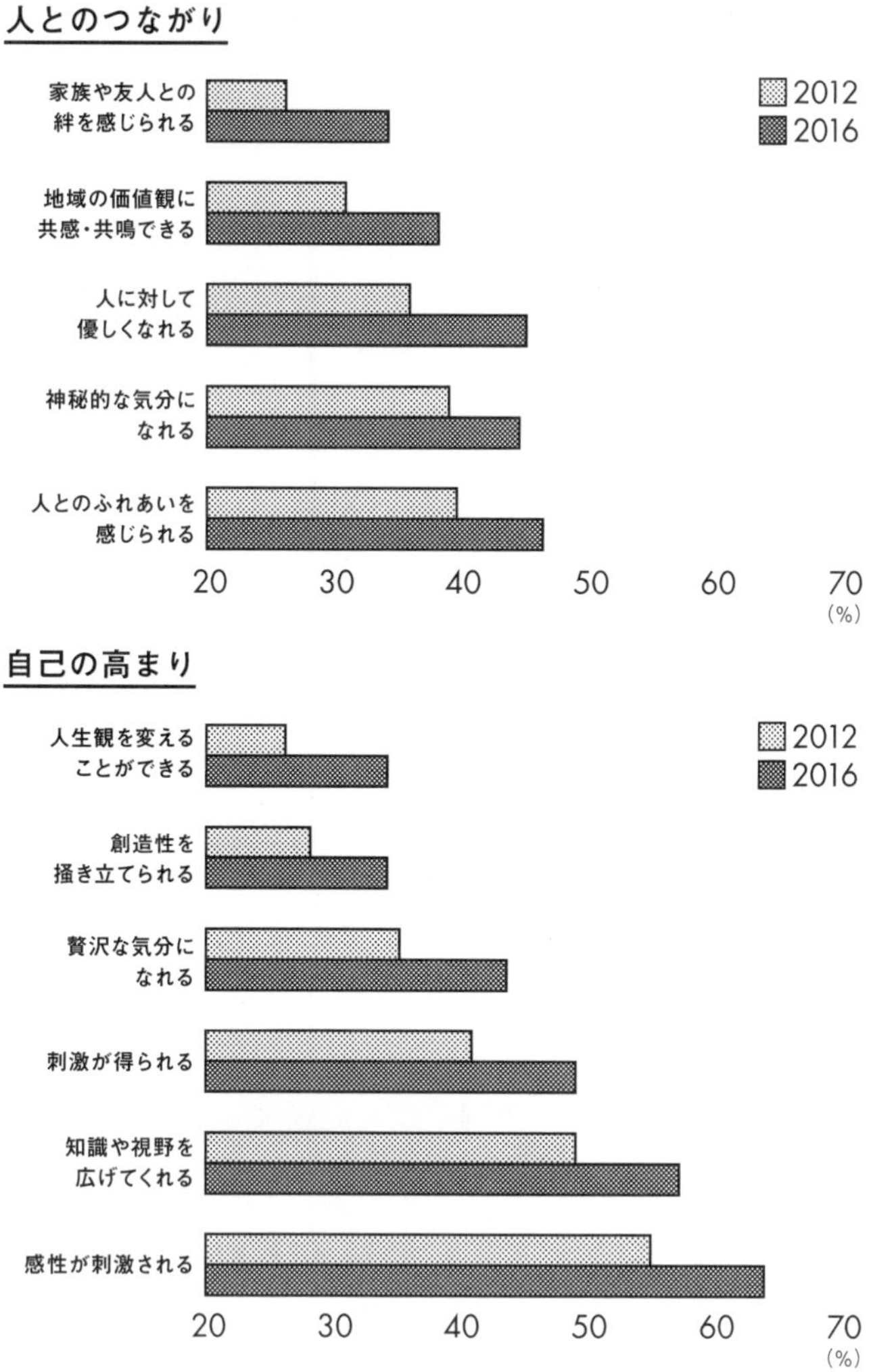

ここで、人々の瀬戸内に感じる価値についても、重要な項目だけになるが確認しておきたい[18]。自由連想調査と合わせるために首都圏在住者に限定していくが、2012年の調査と比較すると、16年時点においてすべての価値が高まっていることがわかる（図5―3）。「人とのつながり」に関する価値項目としては、優しさ、絆、共感といった項目がとくに高く、「自己の高まり」に関する価値項目では、感性、刺激、知識といった項目がとくに高くなっている。船でしか巡ることのできない瀬戸内を訪れることによって、感性が刺激され、人に対して優しくなることができ、海からの刺激は視野を広げることにつながる。結果として、瀬戸内は人生を変えることができる場として評価されるようになったといえるだろう。

16　本調査では、電通自然言語解析システムDE-FACTO®を利用してテキスト・マイニング分析を行っている。DE-FACTO®とは、発言の頻度が多いワードと、そのワード同士の関連性の強さをビジュアル化したもので、生活者の意識の「構造」を解釈するための自然言語解析システムとなっている。

17　同調査は20代から60代を調査対象としているが、60代は過去の映画や音楽からのイメージが強いことがわかった。今回は新たに加わったイメージやその変化を確認するのが目的であるため、60代以上を除いている。調査の概要は以下のとおりである。調査対象者：関東地区在住の20代から60代600名（60代を除いたため、分析対象者は480名）。調査日時：第1回目2012年9月21～24日、第2回目2016年10月27～31日。調査方法：インターネットを用いたウェブ調査。電通調べ（調査機関：電通マクロミルインサイト、中村祐貴分析）。

18　ブランド価値に関する調査項目は『地域ブランド・マネジメント』（電通abic project編、2009）の地域ブランド価値の調査項目を踏襲しているが、紙幅の関係で2012年度と16年度でとくに差の大きかった項目のみを抜粋している。詳しい調査項目に関しては同書の第3章を参照。

瀬戸内の自信と希望

こうした首都圏の人々からの瀬戸内へのイメージと評価からもわかるように、瀬戸内の海と島々は今、大きく自信を取り戻している。「東京が大嫌い」（『文化発信基地としての瀬戸内文化圏の未来』46頁）と言ってはばからない福武によって、瀬戸内の島々は希望をもらった。「地方こそ本当に豊かで幸せなのだということを、日本あるいは世界の人に見せつけてやろうというのが、今の直島なり芸術祭のプロジェクトであって、経済は文化のしもべなのだと発信したいのです」（同書、56頁）という福武のレジスタンスによって、直島を中心とした瀬戸内の島々の住民は交流による笑顔と自信を取り戻している。移住者も少しずつ増え、瀬戸内国際芸術祭の舞台となった男木島では休校していた男木島小中学校が2014年に再開し、話題となった。

しまなみ海道でも、次々と変化が生まれている。それまでは自転車が横を通るだけで嫌がっていた自動車はサイクリストとの間隔を開けてくれるようになり、より走りやすい環境が整ってきた。それだけでなく、外国人をはじめとするサイクリストが多く訪れることによって、地元の人々のスポーツ・サイクル所有率が高まり、マウンテン・バイクで通勤する女性の姿も普通にみられるようになったという。

アクティブ・シニアと呼ばれる人たちの関心も高い。2014年度から愛媛県主催のシニアの方向けのアクティブ・シニア・スポーツ・サイクル体験会が行われているが、体験会の次の日には自転車のカタログを取りに来る人も多く、しまなみ海道を1日で往復するシニアもみられるようになったという。シニアの生活を豊かにする手段としても、サイクリングが選ばれているのである。

こうした動きに連動するように、しまなみ海道でも島への移住者やサポーターが増えてきている。その代表が安藤と並び称される建築家の伊東豊雄であり、彼がしまなみ海道にある大三島と出会ったことがきっかけで大三島に伊東豊雄建築ミュージアムが建設された。彼は現在も島に入り込んでカフェやワイナリーなどのプロジェクトを行っている。

こうした可能性をつなげようと、せとうちDMOも動き出している。瀬戸内海では本土や四国と島をつなぐ移動手段としてのフェリーや高速船が走っていたが、3つの橋が開通したことによって、その多くが苦境に立たされ、航路廃止となっている。こうした中、せとうちDMOが支援するクルーズ事業は、船で瀬戸内を巡るという、これまでのフェリーや高速船では提供できなかった内海の価値を実現してくれるだろう。

瀬戸内では、いろいろな人の動きがつながり、新たな物語が織りなされようとしている。瀬戸内国際芸術祭のテーマは「海の復権」であった。明治期以降の陸の経済優先政策によって、瀬戸内海は分断され、島々は忘れ去られた。しかし、アートやサイクリング、そして、クルーズによって、世界と島々が直接つながることによって、内海は新たな価値を生み出そうとしている。

⑥

越後：
和紙と育む
ムーブメント

ECHIGO —
A MOVEMENT NURTURED
WITH JAPANESE PAPER

6-1. プロローグ：原点を求め、和紙の里を訪ねる

大地の芸術祭の舞台の1つ、松代から柏崎方面へ山を入ったところに、高柳町門出という集落がある。山間地の傾斜地には階段状に棚田が広がり、名峰・黒姫山を望むことができる。ここに越後の手漉《てす》き和紙の伝統を受け継ぐ和紙職人・小林康生《やすお》がいる。越後は古くからの産紙国であり、小国和紙、小出和紙、松之山紙、伊沢紙が伝わる。小林家では冬の副業として伊沢紙作りが受け継がれ、康生は5代目に当たる。[1] 大正時代には40戸ほどが紙を漉いていたが、1973年に小林が紙漉きを志したとき、門出集落には小林家ただ1戸のみとなっていた。

1985年の早春。前の年から降り続いた雪は4メートルも積もり、門出集落の家々は白い壁に囲まれていた。雪もまだ降りしきる3月の初めに、当時30歳であった小林の工房をスーツ姿の5人の男たちが訪ねてきた。越路町（現・長岡市）で日本酒を造る朝日酒造の経営幹部であった。

「私たちはいま、創業の原点に立ち返る酒を造っています」。社長の平澤亨が口を開いた。このころ同社の主力商品であった朝日山は、たくさんの人たちに飲んでもらうために万人

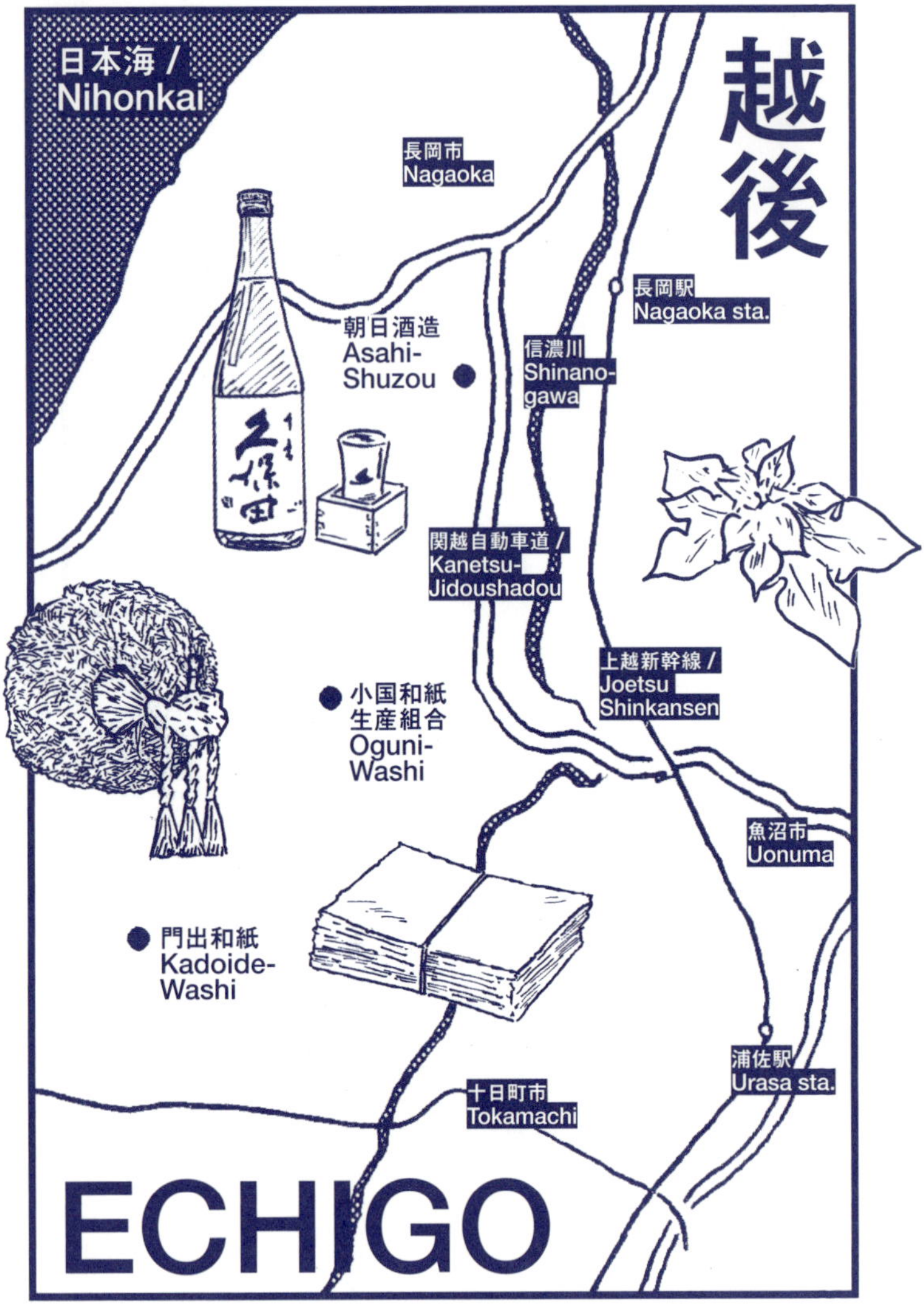
越後
ECHIGO
日本海 /
Nihonkai
長岡市
Nagaoka
長岡駅
Nagaoka sta.
朝日酒造
Asahi-
Shuzou
信濃川
Shinano-
gawa
関越自動車道 /
Kanetsu-
Jidoushadou
上越新幹線 /
Joetsu
Shinkansen
小国和紙
生産組合
Oguni-
Washi
魚沼市
Uonuma
門出和紙
Kadoide-
Washi
浦佐駅
Urasa sta.
十日町市
Tokamachi

向けの味となり、量的拡大が続けられてきた。朝日山のように万人向けの酒は質がよくても「まぼろし」にはなれず、人も探してはくれない。世相をみると、初心に立ち返って最高レベルの酒を売り出さなければならなくなった。「東京の日本酒好きに飲んでもらえる高品質の酒を、商売になる量で安定的に造って、供給する」。営業出身の平澤社長は薄利多売の脅威を肌身に染みて感じていた。「昔だったら徳利なんだから、一升徳利にしたいぐらいなんだけれども、まぁそうするわけにもいかないので、せめてそれに代わる思いを和紙のラベルに託したいのです」。工場長の嶋悌司が続けた。

小林は伝統ある小国和紙の系譜を受け継ぎ、実家で和紙を漉き始めたものの、工房の経営は順調とはいえず、生活も苦しい。願ってもない話だった。それ以上に「原点に返る」という平澤社長の言葉が胸に響いた。だが、胸中には戸惑いと不安も渦巻く。このとき、工房に紙の漉き手は小林を含めて3人しかいなかった。しかも1人はイスラエルからの研修生で、1年たてば帰国してしまう。小林は恐る恐る尋ねた。「そのお酒はどれくらい造る予定ですか」。

「年間100万本をめざしています」。平澤社長は静かに答えた。想定外の数字に小林は目を剝《む》いた。その3年前、冬の出稼ぎも止めて専業を志したとき、大規模な注文が東京から入った。原料を買い付けて段取りを終えたころ、突然にキャンセルが入り、深刻な痛手を負った。この状況でこの数量をこなしていくのは、並大抵のことではない。しかし「本物を世の中に広めたい」という真摯な情熱が、平澤社長をはじめ朝日酒造の人たちにはあった。その思いはうちも同じである。「この酒と運命をともにする」。小林は腹をくくった。

「わが社としてもしっかりとしたいい酒を造ります。ですから和紙もいいものを作ってください」。平澤は小林を見据え、力強く訴えた。創業時の屋号から引かれた銘酒・久保田に、欠かせない重要なピースがここに揃った。

1 高柳町の和紙の起源は1680年代に信濃で始められた和紙作りが伝わった時期にまでさかのぼる。小林は近隣の小国和紙を学ぶとともに、実家の伝統を引き継ぎ、1986年に自らの手漉き和紙を越後門出和紙と命名した（朝日酒造株式会社、2003、182頁）。

6-2. 米どころの共生企業

上越新幹線・長岡駅から信越本線に乗り換え、信濃川の流れと田園風景を横目に見ながら3駅。来迎寺駅を降り、線路沿いの道をゆく。5分ほど歩くと陸橋がある。それに近づくにつれ、向こうから清らかな風が吹いてくる。ほの暗い橋の下をくぐると、左手に緑豊かな里山がある。これを朝日山という。先ほどの風は山の恵みであろう。右手には瀟洒《しょうしゃ》な木造建築が私たちを迎えてくれる。門前に松籟閣《しょうらいかく》とある。道をさらに進むとコンクリートの近代的な建物が、周りの景観と調和してひっそりと立っている。新潟を代表する酒蔵・朝日酒造の社屋と蔵である。

1830（天保元）年からこの地で操業を続ける朝日酒造株式会社は、県内最大手の酒造メーカーであり、久保田は年間300万本を売り上げ、海外での支持も高い。さらに40年かけて、地域とともに自然保護、伝統工芸の振興を着実に進めてきた。「我が社の経営目的は、我が社の社会的存在価値を高めることである」。朝日酒造は1992年に新たに定められた経営理念で謳うように、公益を強く意識している。2001年6月には環境保護を促進するために、財団法人こしじ水と緑の会を設立した。「企業は売り上げだけを追求するのではなく、自然との共生、地域との共生を基本とし、社会への貢献が重要な存在意義である」（朝日酒造株式会社、2015、142頁）。銘酒・久保田はその理念を顕現した商品である。

以降、米どころ新潟の中越地方に根ざし、地域の生態系、伝統工芸、コミュニティと調和を図りながら、その持続的成長に寄与してきた同社のCSVの取り組みを辿っていきたい。[2]

2　本章で記述する主要人物の発言は、小林康生氏（越後門出和紙・高志の生紙工房）、今井宏明氏、今井千尋氏（小国和紙生産組合）、細田康氏（朝日酒造株式会社取締役社長）、吉田直樹氏（同社常務取締役生産本部長）、松井進一氏（公益財団法人こしじ水と緑の会理事）へ私たちが実施したインタビュー、ならびに各種文献より引用し、活写することに努めた。

6-3. 機械が和紙に合わせる

ラベル作りへの挑戦

「菜根譚の中に『真味はただこれ淡なり、至人はただこれ常なり』という文句が有ります。その意味は、本物の味というものは、こってりしたものではない。むしろ、あっさりした中にあるものだ。又達人とは、いかにも並はずれてきらびやかな才能を持っていそうな連中にはいなく、平凡そのものの様な人物にいるものだ、そういうことだと思います。

我々は真味を探求するという仕事を通じて、少しでも至人の域に近づく努力をしようではありませんか」。1984年10月1日、朝日酒造社内報『真味』創刊号に寄せた平澤社長の言葉である。この思いのもと久保田の酒造りは進められ、同様にラベル作りにも反映されていく。

小林は平澤の言葉を何度も反芻した。ラベルは手作りの存在感を強調するか。原料である楮《こうぞ》の素材感を生かし、できるだけ自然体とするか。人為を入れず、楮の加工に手間をかけず、その年の気候風土が皮の味わいを作り出す。「原点イコール素朴」。小林が行き着いた答えだった。そうして試作品を持っていくと、平澤は遠慮せずに言った。「も

う少し品格が欲しいなぁ」。小林は気配りからコストがかかり過ぎないよう、安く仕上がるよう試作品を作ったのだった。コストに囚われず、原点にふさわしい価値あるブランドをつくる。平澤の決意をあらためて認識した小林は、思い切ってラベルを2枚重ねにして、厚みを出した。すると平澤は満足げに頷いた。これによって久保田のラベルは和紙を重ね合わせた二双紙となった。

ラベルの大きな課題はその和紙と機械との相性であった。厚みと凹凸がある和紙を平らな瓶に貼るのは至難の業である。和紙の端はふさふさの耳になっていて、直線にならない。ラベルの中心も一定ではないため印刷もままならず、貼るときも真っすぐには貼れない。和紙は湿気の多い冬場は柔らかくなるものの、乾期にあっては硬くなり、糊が負けてしまう。ゆえに貼ったラベルが跳ね返る。これまでのラベリングの機械では、曲面の瓶には和紙の性質上、対応できないのである。そこで当初は従業員が手で1枚1枚貼っていた。日本酒はたいがい64度の加熱殺菌をして充塡する。ラベリングは瓶が熱いうちに行われるので、現場はやけどをするような作業であった。風合いを出すために和紙に入れる楮の皮も難儀の原因だった。ラベルの下部には製造年月日を記載しなければならない。楮の皮は均一に和紙に入っているわけではないので、表示と重なることもしばしばあった。和紙はとても近代的なものづくりの手法とは合わないようにみえた。しかし、このときになっても朝日酒造は効率を求めなかった。

従来のビジネス取引では、企業は製品開発から利潤を得るため交渉力を最大限に発揮し、自社のサプライヤーに迫るものである。「試行錯誤を重ねて2年目には機械でのラベリングを実現させるのですが、当時の平澤社長は『問題があったら機械が和紙に合わせろ！』と言ったそうです。その覚悟は相当なものでした」。現在の社長である細田康《やすし》はそう振り返る。

たびたびラベリングのトラブルがあって、印刷会社とラベル担当の社員、小林が平澤社長に呼ばれた。小林が恐る恐る会社を訪れると、社長は小林に耳打ちした。「あんた、話は聞いてほしいけど、言うことは聞かんでいいよ」。

「うれしかった。漉き手ではなく、機械のほうが漉き手に合わせろ。そんな立場で作らせてくれる会社はほかにない」。小林は意気に感じた。そして「素材を生かす」という柱は揺るがせずに、小林もできうる限り製造過程で努力を重ねた。紙の漉き手はサプライヤーではなく、久保田というブランドを支えるパートナーである。そう認識した小林は言うべきことを恐れず会社に伝えていった。久保田が販売されるようになって間もなく、酒販店から朝日酒造にクレームが入った。梅雨どき、和紙ラベルにカビが生えたのだという。和紙に防黴薬を混ぜるという手段もある。しかし、それでは和紙に込めた意味が失われてしまう。

「和紙をラベルにする。それは生き物を久保田の顔にするということです。天然の和紙がもっているものを大事にしなければならない。生き物だから、病気にもなるし、カビが生えるのも仕方がありません」。小林がこう伝えると、朝日酒造は彼の意を汲んで酒販店に対応した。すべての酒販店に対し、カビの生えない保管方法の徹底を促したのだった。

これによって離れていく酒販店もあった。朝日酒造はそれを手離した。ただ売れればいいのではない。正直に当初の方向性を守る。久保田はメーカーが造って、酒販店は置き場でしかないという商品ではない。文化を育むムーブメントを体現しているのである。

久保田のブランドづくり

朝日酒造は酒販店と久保田の理念を共有するために、1991年から久保田会会員店の子弟を対象に「久保田塾」を開講した。戦略的経営を実践できる優秀な後継者の育成もその目的にあった。久保田塾は1991年度を第1期とし97年の第7期まで開講し、全国に約100名の卒業生を送り出している（朝日酒造株式会社、2003、15頁）。久保田に込めた理念、酒販店の経営計画の立案、具体的実践法の学習、米作りの現場から先進的な酒販店訪問など、久保田のブランディング・プロセスが共有された。

「酒屋さんには柱が五本必要なんだよ。その大黒柱に久保田を育ててほしい。ほかに四本の柱がいる。そのうち一本は、地元のお酒を育ててね」（朝日酒造株式会社、2015、96頁）。ある久保田会の会員は、当時の平澤修第二営業部長（現・会長）の言葉に感激したという。朝日酒造の酒だけ売れればいいのではない。世の中に日本酒文化をふたたび根づかせる。共生の思想、文化を育む姿勢にメンバーは共鳴していった。

「久保田という名前を一人歩きさせることではなくて、扱っているお店のショップ・ブランドを高めていって、そこにしっかりとした固定のお客様をつくる活動が回るようにさせることが、何より商品を長く育成するのには重要である、という思想が基底にあったんですね」。細田社長は語る。

全国各地にはボランタリー組織もでき上がる。久保田を取り扱う酒販店の集まり「久保田会」である。理念、経営や品質管理の方法を共有するパートナーとして、勉強会などの交流活動が日本各地で定期的に開かれている。ここでは久保田塾を卒業したメンバーを中核に、約750の酒販店が今でも研鑽に努めている。中には遠方から、紙漉きの工房に足を運ぶお店もあるという。年に1度、全国大会も開催され、久保田に込めた理念の確認、朝日酒造の経営状況、先進的な酒販店の事例などが共有されている。「顧客とコミュニケーションがとれている酒販店は、和紙の話も自然とお話して下さいます」。細田社長は酒販店が単なる売り手ではなく、理念の伝播者としての役割を担っていることを語った。

久保田というムーブメントは、従業員の意識も変えていった。原点に返る。久保田というブランドづくりを通して、会社はさまざまな課題に直面した。「その課題を解決する過程において、社内の一体感が生まれました。困難を乗り越えて形となった商品ですから、自分たちの商品であるという気持ちも自然に醸成されました」。細田社長は従業員にオーナーシップの意識が涵養されたことを指摘している。設備の開発、メンテナンスに対する実際の活動も業者任せではなく、自律的に取り組める姿勢、能力が従業員に育っているという。

手漉き和紙をボトルにラベリングする例は過去にない。業界初の試みであった。ラベリングの試作機も和紙が詰まって、次々に動かなくなった。女性のオペレーターたちも昼食を取る余裕すらなく、遅くまで修理や改善の作業を手伝った。吉田直樹常務取締役生産本部長は当時を振り返り、苦闘の過程を語ってくれた。「みんなの知恵を出し合って、さまざまな実験を繰り返しました。そういった中でブレイクスルーは現場の女性スタッフの一言からもたらされました」。吉田たちは地元企業とコンピューターの画像処理装置を共同開発し、ラベリングの検査の効率化に成功したのだった。2001年にはラベリングの機械も目途が立ち、現在では1時間8000本のペースでの稼働が可能となった。

とはいえ和紙と機械の折合いは、まだまだ道半ばである。近年では機械や印刷の精度を高めるために、和紙ラベル研究会も立ち上がった。年に1、2回、和紙の漉き手、印刷会社、ラベル担当の従業員が集まり、お互いの現場を知りながら、久保田の心を磨くために侃侃諤諤《かんかんがくがく》の議論を行う。「お互いがぎりぎり我慢できるところまでしようね。当時を知る人たちはよく理解し納得してくれます。だから次の世代にも、遠慮をせずに本質を伝えていきます」。小林は和紙ラベルにかける思いを語る。「工房の皆にも、会社が要望してきたことを聞いたほうがいいのと、聞いちゃ悪いのと、よく考えて判断しなさいと伝えています。そのためにはうちも誠意のある仕事をしなさい。楽をするな、と。それが言えるだけの仕事をしなければいけません」。和紙ラベルの理念は次世代へと受け継がれていく。

6-4. 里ははなやぎ、伝統は躍動する

地域産業の循環

山あいにまだ雪も残る門出の4月。イスラエルから20人ほどの観光客が1週間ほど滞在した。山歩きや紙漉き、書道を体験し、夜には集落にある茅葺《かやぶき》屋根の宿泊施設に泊まり、夜には地元の人々と餅つきに興じ、盆踊りの輪に見よう見まねで加わった。砂漠が広がるイスラエルに住む人々にとって、越後のうつろいゆく早春の風景は感性を刺激するという。集落の人々と山に入り、山菜を採って茅葺の宿でみずから調理もした。門出の前に京都を観光したものの、ここでの体験のほうが旅人の心により響いた。「紅葉の時期もすばらしいのでしょうね」。同じ年の秋の宿泊予約

をとって帰国していった。

このツアーを企画したのはイスラエル人の紙漉き職人、イズハル・ニューマンだ。久保田プロジェクトが立ち上がったとき、小林のもとで紙漉きの技術を学んでいた。帰国後、紙漉き職人として活動する傍ら、門出の魅力をイスラエルの人々に伝えるべく、インターネットや口コミを通じて参加者を募り、案内役としてたびたび来日している。交流が深まり、近年では小林たち紙漉き職人や門出集落の人々もイスラエルに赴き、現地で紙漉きの魅力を伝える。人口300人にも満たない集落には、年間100人ほどのイスラエル人が訪れている。門出の茅葺の宿は、国内外を問わず多様な宿泊客で賑わっている。

高志《こし》の生紙《きがみ》工房で働く人はパートタイムも含めておよそ15名、和紙の原料となる楮の生産者まで含めると50名の雇用を創出していることになる。当初は紙漉きの手伝いを地元の人に依頼していたものの、今では全国各地から紙漉き職人をめざして若者が集まってくる。1年目は研修生として扱い、紙の仕事を半分、残りの半分は田畑、冬の雪掘といった百姓仕事を担う。風土の紙を作るためには、風土を知らずしては作れない。自然と寄り添いながら、自然との折合いのつけ方を身に着ける。そうやって職人としての姿勢を涵養するのである。1年間の研修が終わり、工房で雇える余力があれば2年目からは正規の従業員として採用している。久保田の売行きの好調も手伝って、ほとんどの研修生は門出に残って紙漉きを続けている。小規模ながら1つの地域産業の循環が起きている。

紙漉きの広がり

和紙ラベルの漉き手はいまや門出の工房だけにとどまらない。小国和紙生産組合、伊沢和紙工房にまで広がっている。初年度は月産8000枚から始まり、3年ほどして増産した時点で、小国和紙生産組合が参加することになった。

現在は長岡市の一部となった小国には、500年ほど前に紙漉きの技術が伝わった。小国も門出同様に豪雪地帯であり、もっぱら農閑期に紙が漉かれてきた。漉き上げた紙は圧搾して乾燥させるところだが、冬の間に太陽がほとんど出ない小国では、紙床《しと》[3]を雪の中に入れて春先まで保存する。雪が冷蔵庫となり、腐食から紙を守って凍らせることもない。これを「かんぐれ」という。3月ごろに紙床を掘り出し、板に貼って天日干しをさせる。直射日光と雪からの反射で多くの紫外線が当たると、紙の着色成分が壊れ、紙は雪のように白くなる。雪国ならではの紙作りである。

明治時代までは多くの家の片隅で紙は漉かれていたものの、生活の洋式化によって小国の手漉き和紙は廃れていく。昭和40年代後半に紙とその製法が国と県の無形文化財に指定されるものの、そのときには数軒で漉かれるのみになっていた。昭和50年代に入ると、ついに誰も紙を漉かなくなってしまった。「なんとか伝統を守りたい」。強い思いを抱いていたのは小国で工務店を営む片桐三郎であった。一念発起した片桐は1982年、ほかの2人を伴って門出の小林のもとに通い、紙漉きの技術を習得し伝統の再興に取り掛かった。それから数年して、和紙ラベルの仕事が小国にももたらされた。家族も紙を漉き、職人も9人まで増えた。今では娘婿の今井宏明が工房長として中心となり、伝統に基づく新たな取り組みに力を尽くしている。

小国和紙生産組合では、かつてはその売上の9割が和紙ラベルで占められていたが、今は6割になっている。「和紙ラベルの制作はありがたいお仕事です。けれども1社からの大きな仕事に甘んじてはいけない。久保田のブランドを支えに新しい仕事にチャレンジしています」。今井は伝統工芸の新たな展開を語る。

その1つに着物の札紙がある。反物につける製品タグの役割を果たす。楮の和紙に渋柿の渋を塗ると強度が増す。水に濡れても破けにくく耐久性もある。新潟県の十日町の絹織物、魚沼の越後上布、小千谷の縮といった織物の名産地から注文が入る。評判がよく京都からも多くの受注が寄せられている。この柿渋の和紙は住宅の壁紙としても重宝されている。和紙は「呼吸する」という特徴がある。壁紙や障子紙として利用することで、湿気を吸ったり吐いたりしながら湿度を調節し、埃や花粉を吸着する。製造工程では薬品の使用を最小限に抑えているので、シックハウス症候群に対しても効果が期待できる。片桐が工務店を経営していたこともあり、施工する家々の和室の障子や洋間の壁紙として利用が進んでいた。さらに2004年の新潟県中越地震を契機に、思わぬ需要も生まれた。クロスの壁紙は歪みとともに切れてしまったのに対し、この和紙の壁紙は無傷であった。このことにより注目を集め、地域の施工会社や設計士からの指名が相次いでいる。

片桐の娘であり、今井の妻となった千尋も女性ならではのアイディアで、和紙の新しい可能性を広げている。地元独特の結婚式の演出を望む花嫁たちの思いに応えて、披露宴のテーブル・ウェアを制作した。さらに、地域のデザイナー・グループとウェディング・ドレス制作のコラボレーションにも挑戦した。小国和紙の特性を生かした軽くて白く美しいドレスに仕上がっている。

彼女は和紙ラベルの循環にも思いを馳せている。「和紙のラベルをそのまま捨ててしまうのは、もったいないですよね。アイディア次第で、お酒を飲んだ後も長く楽しめるアイテムとして使って欲しい」。千尋はあるアイディアを披露してくれた。手漉き和紙は紙が強く、糊のほうが負けて瓶からはがせる。彼女はその特性を生かし、一升瓶用の和紙ラベル1つからコサージュを作ってみせた。古来、和紙は文字を書くだけでなく、生活用品として再利用されてきた。彼女はこれをRe:labelプロジェクトと銘打って、コサージュや蝶々飾りの作り方をわかりやすくウェブサイトに掲載し、生活を彩ることを提案している。和紙ラベルは可愛く変身し、現代の生活と和紙をつなぐ関係づくりのツールとして活躍している。

和紙の新しい可能性に挑み続ける今井夫妻は、未来の担い手育成にも情熱を傾けている。千尋は地元・長岡造形大学の非常勤講師を務めていた。「日本には紙があふれていても、純粋な楮の和紙が欲しいと思ったときに、見つけられない人がほとんどです。それは私たちの仕事があまり知られていないということ。時が経てばもっと手漉き和紙の存在は薄れてしまう。それで大学に紙漉きのサークルをつくりました」。サークルは9年目になり、部員は20名以上いる。部員たちは生産組合から紙の原料の提供を受け、小国の工房で実際に和紙を漉き、それで作品を制作する。一方で組合はワークショップの手伝いをサークルに依頼している。このサークルから工房に就職する女性も出ており、未来の担い手の育成にも一役買っている。工房スタッフの若返りも進み、20~30代の4人がベテラン職人とともに紙漉きに精を出している。和紙とのコラボレーションを経て、小国に移住するアーティストも出てきた。決して便利とはいえない山あいの里に、クリエイティブの布置が広がりつつある。

3　漉き上げた湿った紙を積み重ねたもの。

高知の中山間地域を支える

久保田のムーブメントは遠く高知の集落にも及んでいる。和紙ラベルを作るために、国内で生産される楮50トンのうちの6トンが消費されている。日本の主産地は高知県で、年間11・26トンの生産がなされている（日本特産農産物協会調べ。2012年度実績。なぜ皮換算）。高知は聖徳太子が活躍したとされるころからすでに、楮の生産が盛んな地域であった。土佐楮と呼ばれ、品質のよさから全国的に流通してきた。江戸時代初期になると、土佐藩による殖産興業政策の一環で、楮栽培の奨励と御用紙としての保護が契機となって大いに発展した。さらに江戸末期から明治にかけては、製紙家・吉井源太による技術指導によって、飛躍的に生産が伸びた。[4] 高知県は気候としても、楮栽培の適地であったことも手伝っていた。

日本では、和紙は生活の中に融け込んできた身近な存在である。建築物の一部として障子《しょうじ》、襖《ふすま》、屏風《びょうぶ》に、あるいは衣服として、さらには竹と組み合わせることにより団扇《うちわ》、扇《せん》子《す》、灯りといった生活用具として取り扱われ

てきた。日本が紙の国と呼ばれた所以《ゆえん》である。[5] しかし、日本社会への洋式生活文化の浸透により、障子や襖など和紙の需要が減退していくと、楮の生産にも翳りがみえてくるようになった。それとともに高知では1970年代に台風の災禍が次々と襲った。これにより楮の輸入が促進され、国内産楮の需給構造に負の影響を及ぼした。輸入による価格の低迷は、山間部の過疎化と従事者の高齢化も手伝って、栽培放棄に拍車をかけた。

この中にあって久保田の和紙ラベルの登場は、楮の一定の需要を提供するものであり、それを生産する集落に貴重な現金収入をもたらしている。2014年のユネスコによる「和紙　日本の手漉和紙技術」の無形文化遺産への登録も手伝って、一部の産地では楮を地域資産と見立て、自然教育、地域教育活動として楮の栽培や加工のプロセスを体験する機会を提供し、社会への認知と理解の向上に努めている。楮の流通にはまだまだ多くの課題が存在しているものの（長尾、2017）、和紙ラベルは高知の中山間地の里々を支え、そのセンス・オブ・プレイスを育む営みに寄与しているのである。

「久保田というのは奇跡ですよね。久保田の仕事をベースとして、新たな和紙作りやビジネスとしては成り立たない昔の紙の追求もできる。一番いいのは朝日酒造がメセナとしてこれに取り組んでいるわけではないことですよ。利益の高い会社は企業メセナで職人たちを表彰したり、支援することがある。朝日酒造は違う。自分たちも食べていくために、風土の酒を売る。そのために風土を全部詰め込んだ。それが新潟県の紙屋を育て、廃絶しそうな高知県の楮を買い支えているんです。和紙作りが事業として循環する仕組みをつくったんです」。小林は朝日酒造の事業にかける凄味をこう語った。

久保田のケースは本業を通じたCSVにこそ継続性があり、真に社会に対して責任をもって向き合えることを示唆する。相互の関係も単なる価値共創にとどまらない。世の中には共創を謳いつつ、偏った依存型のコラボレーションが目立つ。他方、久保田というムーブメントに集ったアクターたちは、それを基盤としながらもさまざまに独自の展開に取り組み、新たな布置を描いている。CSVはCSRの延長である以上、まずは相手を支援する場合が多い。しかし、共創関係を長く効果的に続けていくためには、相手が自律していくことが重要である。自立はプレイスに布置の広がりをもたらす。それによってプレイスや企業のブランディングにもさらなる活気がもたらされうるのである。

4
戦後最盛期の生産数は1953年の2421トン（黒皮換算）（土佐楮生産技術調査委員会、2005）。

5
「黒船」で有名なペリーは日本に滞在中、手工技術の発達に驚嘆し「日本の木と竹と紙の生活文化」を海外へ紹介した（Perry 1856）。またプロイセンのオイレンブルクは「紙の用途がこの国より広い所はおそらくどこにもないだろう」（Eulenburg 1864, p. 89）と和紙の発達に驚嘆している。

6-5. ホタルの舞う里へ

朝日酒造とプレイスとの織りなしは和紙だけにとどまらない。1986年から始まった地域の自然環境の育成や、ホタルの保全活動もその一環にある。朝日酒造が環境保護に目覚めたのは、嶋悌司工場長の影響だった。「酒造りには米と水が欠かせない。周りの環境を大事にしないと美味しい酒は造れない」。新潟県醸造試験場に長年勤め、各地の酒蔵を巡ってきた嶋の実感だった。

米どころとして有名な新潟も、かつては必ずしも上質な米がとれたわけではない。酒米も県の農業試験場や醸造試験場、農業関係者の長年の努力により、好適米が育まれた。一方の水。新潟の水は軟水で淡麗辛口を引き出す。全国屈指の積雪地帯であることが手伝い、県内の酒造メーカーがその恩恵を受けている。おいしい米と水を永続的に確保するためには、地域の環境保護は絶対的な課題である。

かつてゲンジボタルやヘイケボタルが飛び交っていた新潟の里々も、昭和30年代以降は宅地開発や河川改修、農薬の使用などによりその数もめっきり減ってしまった。朝日酒造が立地する越路地区は、東部に信濃川、西北部に渋海川を湛え、平野部は水田地帯、西の山間部は山林が豊富である。嶋は朝日酒造に勤務し出して間もない初夏の夜、若葉の香りただよう越路の町で、数匹のホタルが飛び交う光景に出会った。心を打つ印象的なできごとだった。「工場の敷地内にホタルが夜空に舞う。そこで醸された銘酒こそ、健やかな食卓にふさわしいのではないか」。酒造りにとって、水は命である。清らかな水に棲むホタルは自然環境の重要な指標である。ある夜、宿直の社員が構内に12匹のホタルを見つけた。ホタルが棲める環境が残っていたのだろう。「越路をホタルの里にしよう」。当初は社内に戸惑いや無関心が目立った。しかし「地域づくりをすることは酒造り、ひいては商品価値を高めることにつながる」という嶋が語る〈ホタルが飛び交う酒蔵で造る酒〉のビジョンに従業員は引かれていった。嶋は地域の若者たちとも懇談を重ね、地域にとっての意義を説いていった。次第に地域住民の間にも賛同者が増えていった。

1986年7月、区長や農協、役場、教育関係の代表約30人を集め、事務局を朝日酒造に置く「越路町ホタルの会」の結成に至った。教育長の発案で町内の小中学校の子どもたちも、環境教育としてホタルの飼育を行った。教室の水槽で産卵－孵化－幼虫育成まで、子どもたちは熱心に面倒をみた。ホタルの幼虫の餌であるカワニナを採取するのに泥んこになるのも自然に親しむ機会となり、教育活動に役立ったという。活動が始まって3、4年すると、小中学校の飼育活動も軌道に乗り、活動は地域ぐるみへと発展していった。地域の人々はホタルの保全を通し、水辺の整備、農薬の使用法、ゴミの始末に関心を寄せ、地域づくりに対する意識変化をもたらしたという。この動きが県内各地から注目され、1989年には朝日酒造は新潟県ホタルの会の事務局も担うことになった。なお越路町はこの年、環境省によって生物多様性を啓蒙するために創設された「ふるさといきものの里百選」に選定された。

ホタルの保全運動も30年を経て、現在は8地域にホタルの会ができ、地元JA、小中学校のホタルの会をあわせると、10組織で活動を行っている。毎年6月ともなると、夜空に漂う幻想的な蛍火を求め、各地から人々が越路へやってくる。それぞれの地域では独自の地域体験活動を行い、特色を発揮している。この活動もまた、サイトスペシフィックなコンテンツとして、越路一帯を彩っている。全国的にヘイケボタルの生息が危惧されている中で、越路周辺では多くのホタルが観測されている。ホタルが飛び交う里の広がりは、自然保護の光明となる。越路町の自然保護の活動は一過性のイベントではなく、世代を越えてセンス・オブ・プレイスを育む息の長い活動となっている。ホタルの里という酒蔵のブランディングは、越路一帯に広がっている。

6-6. プレイスに自律性と多様性を育むCSV

最後に『朝日酒造七十年史』の結びに書か

れた「企業としての社会的使命」を引用したい。プレイス・ブランディングのアクターとして、朝日酒造のセンス・オブ・プレイスと決意がここに表れている。

「当社は酒造会社である。消費者に満足してもらえる酒を提供することで適正マージンを確保し、再生産活動を続けることについては前にも述べた。そうした形で売り上げが増えれば、納税という面で今後も国家財政や地方公共団体に協力していくことができる。一方で、利益の一部を少しでも地域に還元していきたいと考える。ホタルの里や公園造成事業といった地元との協力関係は、決して企業が地域に対して恩恵を施すという意味合いではない。いうまでもなく、当社はこの地域で生まれ、この地域とともに成長してきた企業だ。本社所在地は当地に置き、役員従業員のほとんどは地元出身者である。

〝杜氏の里〟越路町で企業化してこそ今日の朝日酒造があるわけだ。この考え方は昔も今も変わっていない。町当局との間に重要な協議事項を生じた場合でも、地元に本社があるから当社幹部が即応できる体制になっている。地域に対しては常に〝開かれた企業〟でありたいと考えている。地域社会あっての朝日酒造であるから、これからも地域構成員の一員としてできるだけお手伝いをしていきたい。将来、当社が越路町にあることで、また新潟県にあることで良かった、と思われるようになれたら幸いである。地域の人たちの支援もあって、当社は新潟県業界内では指導的地位に立つ企業に成長することができた。二十一世紀には名実ともに国内業界のナンバーワン企業になることを目指していきたい」（朝日酒造株式会社、1990、210～211頁）。

朝日酒造のCSVの取り組みは、計画的にプログラムされたわけではない。里山の息吹を感じながら地域を思い、1つひとつ、40年の間に積み上げられてきたのである。その根幹には共生思想という理念があった。顧客、酒販店、地域住民、風土との関係性を意識し、そのやりとりの中で織りなされてきた。

今や同社の主力となった久保田も、商品であって商品ではない。さらに、このブランドを作り上げているのは酒造会社だけではない。皆がブランドづくりの担い手として結束している。手漉き和紙の職人、ラベルの印刷会社、お米を作る農家、全国の酒販店。皆で育てているという姿勢が輝いている。さらにはこの共創をもとに、久保田を媒体として集まったアクターたちは力を付け、独自の取り組みを自律的に展開するようになっている。

久保田は効率をよりどころにする価値観ではなく、社会や経済に対して多様性をもたらす、まさにムーブメントのようなインパクトがある。「原点に返る」という思いが企業と伝統工芸を引き寄せ、共創によって両者とそれが根ざすプレイスも輝きを取り戻した。

　伝統工芸は単なる物ではない。その土地の自然、歴史、人々の精神性が織りなす風俗や文化、宗教観が顕在化された集合意識体の雛形であり、またコミュニティをつなぎ機能させる触媒でもある。伝統工芸に携わることとは1つの産業の梃入れにとどまらず、われわれ日本人が失いつつあるアイデンティティ、集合意識体としての強みを、心の拠り所として再び創り上げることにつながりうる。それは現在スタンダードとされている物質を拠り所とする価値観に対面する鏡となり、多様性のある発展を導くことになるのではないか。

　久保田は企業ブランドとプレイス・ブランドが融合した事例であり、こうした関係が全国に増えることで、プレイス・ブランディングも活気を帯びていくことになるのである。

7

南アルプス：
世界に誇る「水の山」へ

SOUTHERN ALPS —
TO A WORLD RENOWNED
“MOUNTAIN OF WATER”

7-1. 名水の地へ

新宿から特急あずさに乗って約2時間、小淵沢駅に降りたち、車で走りながら辺りを見渡すと、南アルプスと八ケ岳の山々に囲まれた気持ちいい場所が広がる。清冽な水がいたるところに流れ、空気は澄み切っており、つい先ほどまでいた新宿の喧騒を忘れさせてくれる。そして春には日差しを受けた新緑が輝き、冬には、空を切り取るような山のフォルムが荘厳な美しさを魅せてくれる。

この地は、ユーラシア・プレート、北米プレート、フィリピン海プレートの3つのプレートが交錯し、3000メートル級の山々が連なる世界的にみても稀有な地形を有している。その山々に降り注いだ雨や雪は、南アルプス白州の尾白川エリア、八ケ岳の大滝湧水、金峰山《きんぷ》・瑞牆山《みずがき》源流において清冽な水景として目の前に現れ、私たちを清らかな気持ちにしてくれる。このエリアは日本で唯一、3つの地が、名水百選に認定されており、まさにここは名水の地であるといえる。

とくに、南アルプス最高峰であり、白く美しい山肌の甲斐駒ケ岳は、花崗岩《かこう》が100万年以上の時を経て隆起し、その地層が天然の濾過装置となり、ゆっくりとくぐり磨かれた水は、適度なミネラルを含んだ天然の地下水

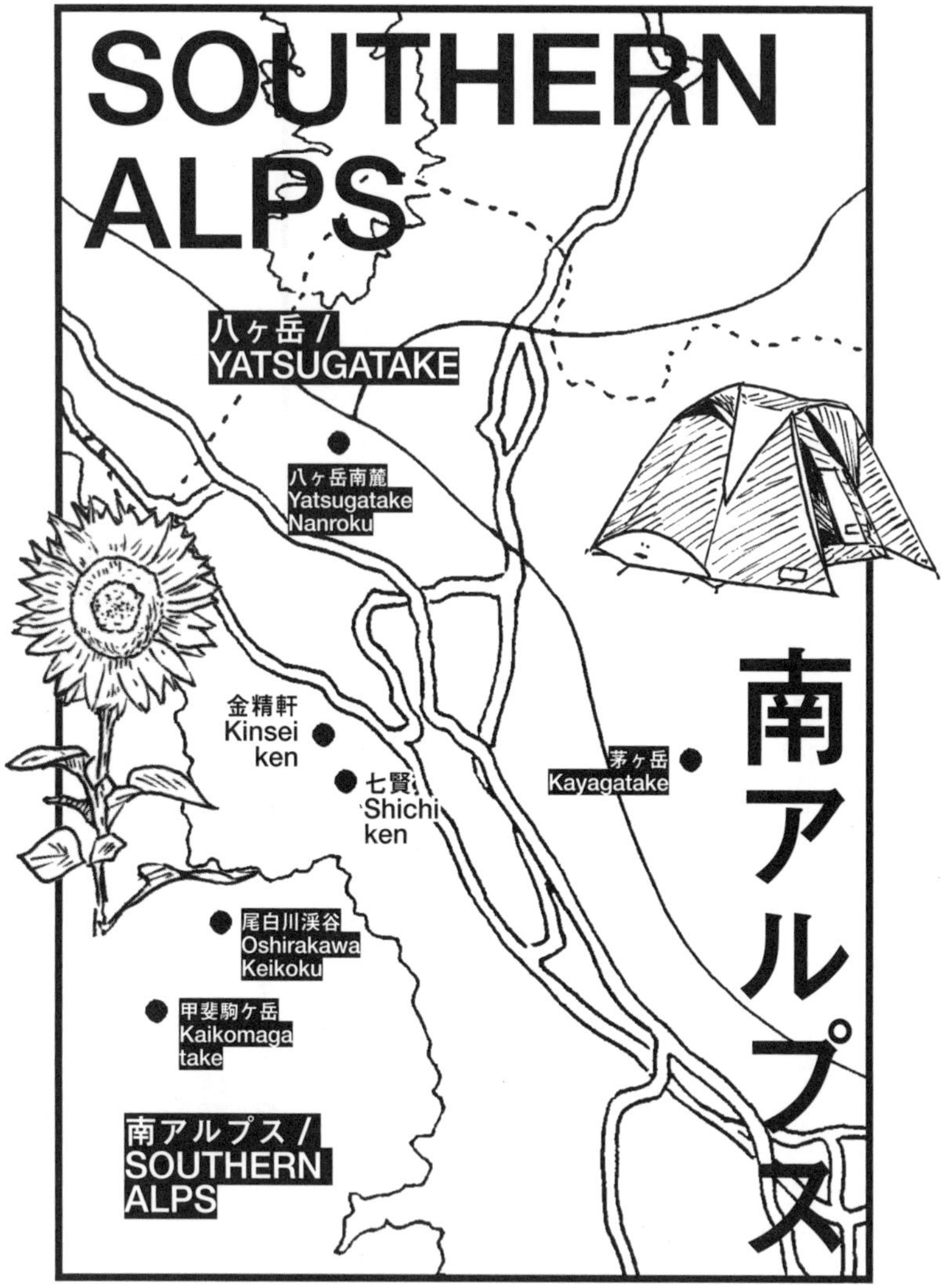
SOUTHERN ALPS
八ヶ岳 / YATSUGATAKE
八ヶ岳南麓 Yatsugatake Nanroku
金精軒 Kinsei ken
七賢 Shichi ken
茅ヶ岳 Kayagatake
尾白川渓谷 Oshirakawa Keikoku
甲斐駒ヶ岳 Kaikomaga take
南アルプス / SOUTHERN ALPS
南アルプス

となっている。こうした自然が作り出した水の恵みを求めて、さまざまな民間企業がこの地において独自の活動を行ってきた。

7-2. 民間企業の活動の軌跡

水探しがものづくりの原点「サントリー」

「水と生きる」をコーポレート・メッセージに掲げるサントリーと、この地とのつながりの歴史を遡ると、それは1973年になる。ウイスキー製品を開発するには、まず名水という宝を探し出し、その宝が製品に合うか、時間と手間を惜しまず研究することになる。その「水探し」が、サントリーのものづくりの原点になっている。

良水の地を求めて訪ね歩き、気になる水があれば源流奥深く、険しい山中まで分け入り、水質を検査していく中で、ついに選んだ地が「南アルプス　白州」なのである。そして1973年、探し求め辿り着いた南アルプスに白州蒸溜所が誕生する。当時の担当者は、花崗岩の間を太く流れ落ちるその清流を見て震え、その水を口に含んだとき、「幸せな巡り会いを祝した」と記している。

1991年には「サントリー南アルプスの天然水」を発売した。その成長とともに、

1996年には「サントリー天然水南アルプス白州工場」が稼働し、天然水に特化した生産活動が行われるようになっていった。

さらに豊かな水が育まれるためには、森林の整備が不可欠であるという思いから、2003年に熊本で「天然水の森」活動が開始された。「天然水の森」活動とは、工場の水源地にあたる涵養エリアで森林整備を行い、工場で汲みあげる水よりも、多くの水を生み出す森を育てていこうという活動である。そして、当活動は、単なるボランティア活動ではなく、サントリー・グループの根幹を支え、水の持続可能性を支える基幹事業として位置づけられたのである。

2005年には、そうした水に対する理念や活動を体現するコーポレート・メッセージとして、「水と生きる」が採用された。サントリーが生み出す製品のすべてを支える水を守り育むことへの約束と、水のようにしなやかに社会を潤すことへの想いが、この言葉には込められている。

名水を醸して300年「七賢」

尾白川が流れる白州町に、江戸時代(1750年)創業の酒蔵「七賢」がある。この地は、江戸時代に甲州街道の宿場として栄えた台ケ原宿エリアでもある。今も古い民家や蔵が点在し、情緒あふれる酒蔵や和菓子屋が並ぶ。

山梨銘醸を創業した初代中屋伊兵衛は、白

州の水のよさにほれ込んで、この地に酒蔵を起こすことを決意した。甲斐駒ケ岳の頂に降る雪はやがて木々の緑をすすぎ、岩に磨かれながら恵みを帯びて流れ落ちてくる。その清らかでキレのある甲斐駒ケ岳の伏流水を仕込み水として、長年、酒造りを行ってきた。

　さらに、仕込み水だけでなく、米にもこだわり、甲斐駒ケ岳の雪解け水によって育った酒造好適米を原料にして、「真の地酒」造りに取り組んでいる。また、酒蔵の隣接地に直営レストラン臺眠《だいみん》を開店し、蔵元ならではのメニューや、白州の自然が育んだ米、野菜、果物を生かした旬の献立を提供しており、豊かな水の恵みがもたらす健康的な食の提案を行っている。

甲州台ヶ原

金精軒

水に想いを込めた和菓子作り「金精軒」

七賢の向かいに1902（明治35）年創業の老舗和菓子店「金精軒」がある。歴史を感じさせる木造の建物は、台ケ原地区の情緒的な雰囲気を醸成する重要なシンボルになっている。

金精軒の定番商品は、山梨銘菓「信玄餅」である。素材は「地産地消」にこだわり、米は山梨の梨北米や北杜米を、水は南アルプス地域の天然水を使用し、もち米と水の比率を「1：1」とするシンプルな組み合わせで作られている。安心・安全を第一に考え、防腐剤、人工甘味料をいっさい使わず、もち米の風味を生かすために日持ち加工をぎりぎりまで抑え、1つひとつを手作業で作ることで、人の手の温もりをその美味しさに込めている。

さらに金精軒を有名にした商品が「水信玄餅」である。「水をたべる」をコンセプトに、天然水をふんだんに使用し、水分95％以上で、ぎりぎりに形を留める程度の硬さにした水菓子である。器から出して30分で食べないと本来の美味しさが失われるため、持ち帰りができず、6月から9月の間の土日に限り店舗のみで販売される。突いただけで破裂しそうな見た目と、口の中に入れると消えるように水になってしまう独特の食感は、瞬く間に口コミで広がっていて、午前中には売り切れてしまう。

水信玄餅はこの地でしか食べられないため、わざわざこの商品を食しに全国から人が訪れるようになっており、南アルプスの水の豊かさを象徴する商品の1つになっている。

7-3. 南アルプス「水の山」プロジェクト

世界が認めた「南アルプス」

2014年6月12日、この地に連携を促すきっかけがもたらされた。南アルプス地域が、日本国内において7番目となるユネスコ

・エコパークに登録されたのである。ユネスコ・エコパークとは、正式名称は「生物圏保存地域」であり、地球の生態系や生物多様性を保全し、自然と人間社会の共生を目的とした地域の認定である。また自然だけでなく、文化、経済、社会的にも持続可能な発展をめざす取り組みでもある。

南アルプスは、3000メートル級の峰が連なる山岳環境の中、河川流域ごとに固有の文化圏が形成され、次世代に残すべき自然や生態系が残っている特別な場所だといえる。そこで、3県10市町村にわたる地域が「高い山、深い谷が育む生物と文化の多様性」という理念のもと、南アルプス・ユネスコ・エコパーク登録をきっかけに結束していった。南アルプスの自然環境を共有の財産とし、永続的な保全活動に取り組み、地域間交流をさらに拡大し、自然の恩恵を生かした地域づくりがめざされた。

こうした背景の中で、10市町村の1つである山梨県北杜市は、南アルプス・ユネスコ・エコパーク登録を機に何かを行いたいという市民や民間企業の想いを受け、それを形にできないかと模索し始めていた。

南アルプスを「水の山」に見立てる

北杜市は2004年に山梨県北巨摩郡の9町村のうち7町村が合併して誕生し、2006年に小淵沢町が加入して8町村が1つになって生まれた市である。北杜市は、日本で唯一、3つの名水の地を有し、ミネラルウォーター生産量が日本一であると同時に、豊かな水資源と日照時間の長さを生かした米、野菜、果物など、多様な農作物の栽培に適した土地でもある。ユネスコ・エコパークの目的に、自然の保全と同時に、経済社会的にも持続可能な発展をめざすと示されている。南アルプスが登録されたことをきっかけとして、自然や食資源を活用して、来訪や居住人口を増やし、地元経済を活性化できないか、そして世界が認めた価値を対外的に発信できないか、といった想いが人々に芽生えていった。

こうした問題意識のもと、地元の民間企業との対話の中で、南アルプスを〝水の山〟に見立てるというアイディアが生まれた。水は単なる1つの資産ではない。すべての生命の源であるといえる。日々の暮らしを支え、豊かな農作物を生み出し、多様な事業を生み出していく。そんなかけがえのない資産が巨大な山の地下で育まれているのである。当たり前すぎて、多くの人が気づいていない価値を「水の山」と見立てることで、気づきが生まれ、そこからさまざまなストーリーが生み出されるのに違いない。

このようにして、民間企業と行政のさまざまな想いがぴたりと出会うことで、「交わりの舞台」が展開していく。

「水の山」プロジェクトの始動

この活動は「水の山」プロジェクトと命名

され、その主旨や目的が定義された(図7―1)。

定義においては、行政と民間企業が一体になって進めること、この活動を世界へと発信すること、市民とともに地元の経済を活性化することの3つの点が織り込まれている。つまり、行政、民間企業、市民の3者が一体となって推進されることがめざされた。

「水の山」プロジェクトがめざす姿として、「リピュア」&「サステナブル」というキーワードが導かれた。「リピュア」とは、この地で得られる体験であり、「サステナブル」とはその背景にある価値観や思想である。この2つが両立するには、具体的な活動の指針として次の4つの条件が満たされる必要があった。

(1) 南アルプスを中心とした自然や珍しい地形がもたらす、日本を代表する豊かで清冽な水を育む街であると認識している。
(2) この地を訪れれば、水がもたらす恵みが五感で体感でき、心も体も洗われ、健康になれることが実感できる。
(3) 生活・食・観光など、南アルプスの中心地、北杜市で暮らす市民の心の中に、この街は水が資産だという思いがある。
(4) 自然を守りつつ、自然の恵みを生かす循環の概念は、日本人が大切にしてきた、世界からも見直され誇れるものである。

4つの条件には、地理的な立地に関する認

図7-1　「水の山」プロジェクト定義

> 南アルプスユネスコパーク登録を機に
> 名水の里日本一の北社市と水資源の
> 保全活動を積極的に行う企業が互いに
> 手を結び南アルプス地域を起点に
> 「世界に誇る水の山」としてその価値を
> 世界に広め市民の皆様と共に北社市全域の
> 地域活性化を目指していく
> ブランド推進プロジェクトです。

識、水の恵みがもたらす清冽な体験、水資源を大切にする想い、日本が大切にしてきた循環の思想への誇りが込められている。

次に、「水の山」に関するストーリーをつくっていくために、2つの側面から情報収集が行われた。1つめは、専門家ヒアリングである。地形的にみてなぜ豊かな水が生み出されるのか、水質にはどのような特徴があるのかなど、専門的かつ客観的な情報について明らかにしていった。2つめは、現地視察によって、どのような水源や湧水に関する景観があるのか、またどのような水資源を活用した施設があるのかなど、「水の山」を具体的に構成する資産について把握していった。

さらに、「水の山」活動にどのようにアク

ターたちが関わっていくかについて、その仕組みがつくられていった。人、店舗、企業など、水資源を大切にしながらさまざまな活動をしているアクターを把握し、活動内容を以下のように3つに分類した。

(1) 名水をもとにした製品・サービスの製造販売・開発

(2) 水の山に関わる自然・文化・歴史等の体験プログラムを実施

(3) 環境保全活動への協力

3つの活動について、以前から行っているアクターを「メインパートナー」、これから3つの活動を行っていくアクターを「パートナー」、そして「水の山」プロジェクトを理解し支援してくれるアクターを「サポーター」とし、さまざまなアクターたちが参画できる「パートナーシップ協定」を構築し、開かれたプロジェクトがめざされていった。

最後にプロジェクトのシンボルとして、「水の山」の精を思わせるキャラクター「ミズクマ」を開発し、その使用ルールを規定することで、市民に愛され、さまざまなアクターの活動に広がっていく仕組みがつくられていった。

このようにして、「水の山」プロジェクトを構成する「定義」「活動指針」「ストーリー」「パートナーシップ」「キャラクター」といった要素が設計され、いよいよ実行フェーズへと向かっていった。

世界に誇る「水の山」宣言

南アルプス・ユネスコ・エコパーク登録から約1年の準備期間を経て、2015年5月19日に、「水の山」プロジェクトに関する記者会見が行われた。北杜市長による「水の山」宣言において、プロジェクトの主旨が発表され、パートナーシップ協定に参画したサントリー、七賢、金精軒の代表者によって、「水の山」に対する想いと今後の活動について語られた。

第1弾のコンテンツとしては、水のおいしさをダイレクトに伝えるかき氷が開発された。サントリー「南アルプスの天然水」を使った氷を、かき氷の名店「埜庵《のあん》」が監修し、ふわっとした口どけのかき氷に、北杜市産の果物ソースがかかった特製の「南アルプスの天然水かき氷」が実現した。

そして「南アルプスの天然水かき氷」をPRのコンテンツとして、さまざまな発信活動が実施されていった。東京・表参道においては、6月25日から8月31日まで、コミュニティ・スペース「コミューン246」にて、フード・カートやカフェでかき氷や北杜市の新鮮な食材を体験できる「南アルプスヴィレッジ」が開催された。一方で北杜市内においては、7月中旬から8月31日にかけて、名水公園「べるが」、中央道八ケ岳パーキングエリア、道の駅「こぶちざわ」において、かき氷が展開された。

さらに同時期に、TV番組やウェブ・メデ

ィアにおいて、南アルプスの水スポットの紹介や、かき氷、水信玄餅、グルメ食材などが紹介され、首都圏からの来訪促進がめざされていった。そして少し期間をあけて、20代から30代の旅好きの女性から支持されている『ことりっぷ』(清里・八ケ岳・南アルプス版)が出版された。表紙には、さわやかな水色を背景に、雄大な甲斐駒ケ岳が佇み、誌面では若い女性の目線で「水の山」の魅力が編集されている。さまざまなメディアがそれぞれの切り口によって「水の山」に関する情報を発信し、「水の山」のイメージやストーリーが徐々に広がっていった。

広がる「水の山」ストーリー

2016年度は、8月11日が「山の日」として新しく国民の祝日として施行されたため、従来からの記念日である8月1日の「水の日」と合わせて、8月1日から8月11日の期間を、「水の山ウィーク」と命名し、その期間中にいくつかのコンテンツを組み込むことで、立体的なPR活動ができないかと考えた。

2年目を迎えるとアクターの関係も広がっていることから、「水の山」を深く理解し体験することができるコンテンツの充実化が可能となり、次のような3つのコンテンツが開発された。

1つめは、「水の山」フォーラムである。フォーラムは主に、地元の市民に「水の山」について理解を深めてもらうことを目的に企画された。前半では、有識者によって、地球目線で北杜市の水資源の成り立ちがわかりやすく説明された。後半においては、北杜市の水資源を生かした活動をしている事業者や首都圏からの移住者が登壇し、北杜市の水資源の豊かさやライフスタイルについて語られ、納得性の高い内容となった。

2つめは、「水の山」ツアーである。ツアーは主に、首都圏在住者の来訪促進を目的に企画された。参加者は、南アルプスの山々と明野地区のひまわり畑をバックに「かき氷」を食し、台ケ原エリアで、金精軒の「水信玄餅」に対する職人のこだわりを聞きながら独特な食感を味わった。そして、七賢では、地元事業者が集まってつくられた「水の山」マルシェで買い物を楽しんだ。このように点在する資産をつなぐことで、「水の山」を総合的に体験できるツアーが実施された。

3つめは、「水の山」キャンプである。キャンプも主に、首都圏在住者の来訪促進を目的に企画された。キャンプは新潟県三条市のアウトドア・メーカー「スノーピーク」の協力によってプログラムがつくられた。スノーピークは、「人生に、野遊びを。」というスローガンのもと、他にはないものづくりから生まれたアウトドア製品を使う人々が、キャンプを通じて自然に深く包まれることで人間らしさを取り戻すことをブランドの使命としている。互いのヴィジョンが響きあうことで、スノーピークとの共同企画が実現されていった。

プログラムの内容は、大人と子どもが一緒になって水のことを考え、水に親しむことを目的として構成され、「水のろ過実験」などによって水について学び、「川遊び」「夜の森を歩くナイトウォーク」を通じて南アルプスの自然と触れ合い、地元食材のBBQやかき氷を味わうといった五感を通じた体験によって、「水の恵み」を楽しむ内容となった。参加者の声を聞くと「水が綺麗な理由が花崗岩だったと知り、子どもの学びになった」「水の山のことをもっと知りたい」「川遊びはまた家族で来たい」といった声があり、子どもが水に触れている姿に満足する父親と母親の表情が印象的であった。


以上のようなコンテンツを中心にPR活動が行われ、地元メディア、TV番組、ウェブ・メディアを通じて、さまざまな切り口で「水の山」に関する情報が流れていった。プロジェクトが開始して約3年が経つが、北杜市内においてプロジェクトの認知は60％となり、プロジェクトに対する評価も72％と好反応であった。またパートナーシップ協定も浸透しており、5団体とパートナーシップ協定を結び、32社とサポーター協定を結ぶに至っている（2016年10月現在）。

プロジェクトの計画から約3年が経ち、「水の山」というストーリーに、さまざまなアクターや生活者が参画し物語が紡がれていくという舞台装置はできつつある。徐々にではああるが、南アルプスは「水の山」というプレイス・ブランドとして、しっかりと根づきつつある。

7-4. 求められるCSV思想

本章で取り上げたケースは、ユネスコ・エコパークに登録されたことをきっかけに、南アルプス一帯の独特な地形を、水の聖地としての「水の山」に見立て、民間と行政が一体となって取り組んだ事例である。それぞれの民間企業が、この地と出会い、水の恩恵を感じながら、独自の軌跡を歩んできたが、互いに共鳴しあうことで交わりの舞台がつくりだされていった。そして、「水の山」をストーリーにしたさまざまなモノや体験のコンテンツが生まれ、同時に情報発信されていく。またコンテンツが生み出されることで、域内外の新たなアクターたちが巻き込まれていくことになる。このように、「コンテンツ」「発信」「アクター」の好循環が生み出されているといえる。

こうしたダイナミックな活動に発展したのも、主要なアクターとして企業が参画したことが大きい。その「プレイス」と「企業」を結びつける鍵となるのが、「CSV」である。「水の山」のメインパートナーであるサントリーは、「水を売るためだけではなく、100年先に水を売るには、地域が持続的に発展していかなければならない」と考えており、まさにこうした姿勢はCSVを体現している。日本の地域問題が深刻化していく中で、こうしたCSV思想をもった企業の存在はますます重要になっていくだろう。したがって、プレイス・ブランディングが根づいていくためには、優れたセンス・オブ・プレイスを共有すると同時に、CSV思想をもつ企業といかに巡り会えるかが重要になってくる。

実戦編 /
ACTION

8

マネジメントから
ディレクションへ

FROM MANAGING
TO DIRECTING

8-1. ディレクション・フェーズ

本章では、プレイス・ブランディングの現場において、私たちはどのように実戦していくべきかについて考察を進めていくことにする。誰もがアクターになる可能性を秘めているため、大切なことは、いかにプレイス・ブランディング・サイクルに介入し、いい循環を起こしていくかということである。

そのためには、現場における目線と同時に、プレイスがつくられていく構造を俯瞰する〝鳥の目線〟をもつことが重要である。そこで求められる能力は、管理するという「マネジメント」能力よりも、〝方向づける〟という「ディレクション」能力である。プレイス・ブランディング・サイクルにおいて、ディレクションしていく重要な局面を示すと、図8-1のとおりとなる。ただし、これらの局面は最初から順序立てて関わることが不可欠ではなく、どの局面から介入しても、ディレクションの仕方によっては、サイクルを好循環にしていくことができると考えられる。

フェーズ(1)　どのように、プレイス単位を設定するか。

フェーズ(2)　どのように、センス・オブ・

DIRECTION PHASE

1
単位の設定
中核市／地区／通り／路地／
広域圏／街道／沿線領域

2
センス・オブ・プレイスの探索
・インタビュー調査
・テキストマイニングによる連想調査
・現地視察
・ことばの開発

3
舞台の設定
・人脈の把握
・既存の活動や計画の把握
・出会いの誘発
・外部アクターとの連携
・小さな組織の設立
・オープンなメンバー制度の設計
・企業のCSV戦略との連携
・行政の支援

4
コンテンツの創出
・モノ／コト／場／景観／人

5
発信発動
・#コミュニケーション
・ウェブサイトの設計と運営
・DIY的デザインの開発
・地元デザイナーとの協業
・PR活動の設計

図8-1　プレイス・ブランディングにおけるディレクション・フェーズ

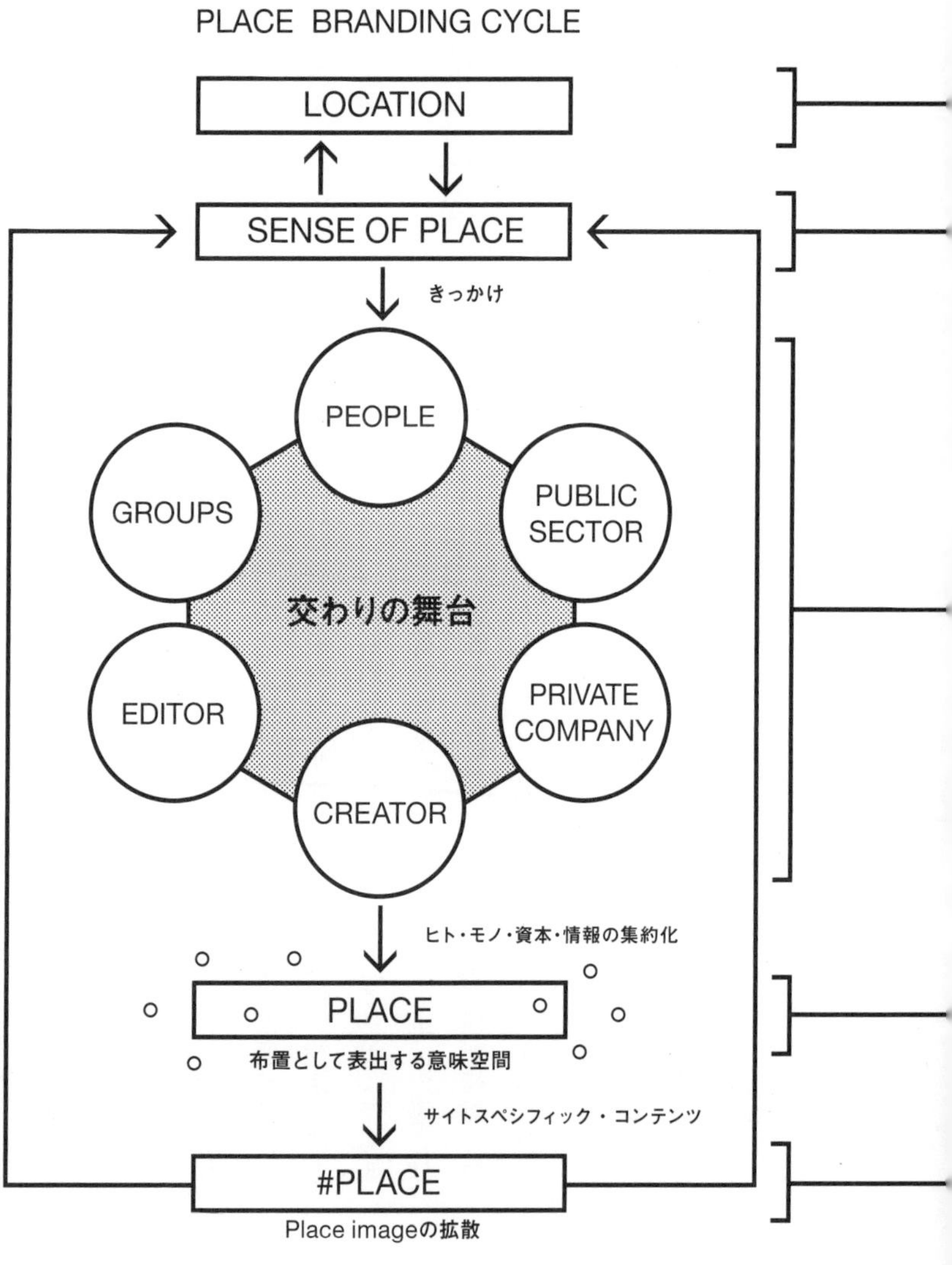

プレイスを見出すのか。

フェーズ(3)　どのように、舞台を設定していくのか。

フェーズ(4)　どのように、コンテンツを生み出していくのか。

フェーズ(5)　どのように、発信していくのか。

フェーズ(6)　どのように、KPIを設定し継続させていくのか。

プレイス単位の設定

プレイス単位がどう設定されるかは重要な問題である。大きいほど難しく、小さいほど容易であるとは一概にはいえない。たとえば、県という行政単位は、多様な文化経済圏から構成されており、単位として設定することが難しい。愛知県には、三河地方と尾張地方があり、広島県には安芸地方と備後地方があり、互いに異なるセンス・オブ・プレイスを有している。

また、東京、大阪、名古屋のような大都市の場合には、よほど大きな都市計画や国家的なイベントがないと、仮に単位を設定しても何も影響を及ぼすことができず終わってしまう可能性は高い。一方で、小さい単位の場合は、資源が限られていたり、人間関係が複雑に絡み合ったりしている場合があり、実際に動かしてみると難しいこともある。

プレイス単位の設定に最適な解はないが、センス・オブ・プレイスを起点として可能性を感じられる単位は有効であると考えられる。

たとえば、ポートランド市は人口約60万人であり、日本の中核市よりやや大きい人口規模であることから、人口20万~50万人規模の日本の「中核市」という単位は重要であると思われる。また、ポートランド市も、「パール地区」「アルバータ地区」などの単位でプレイスが形成されており、都市の中のある「地区」「通り」「路地」などの単位も可能性は高い。また、「瀬戸内」「湘南」「三陸」といった「広域圏」や、「しまなみ海道」のような「街道」、さらには中央線や都心の私鉄沿線などの「沿線領域」などもプレイス・ブランディングの単位として可能性があるだろう。まだ可視化されていないが、センス・オブ・プレイスの潜在性が感じられ、影響がみえやすく、行政単位に捉われない柔軟な発想のプレイス単位の捉え方が有効であると思われる。

プレイス・ブランディングには、中長期的に多大な労力や投資が必要となるため、プレイス単位の設定においては慎重なディレクションが求められる。

センス・オブ・プレイスの探索

プレイス単位の設定の際には、センス・オブ・プレイスが重要な要素となるが、それはどのように探索されるのだろうか。それはまず、自分自身の経験をベースに、何が感じられたのかが重要である。そして、その感覚を仮説としてもちながら実際にそのプレイスに関わっている人々にインタビューをしてみることが有効である。

その際プレイスの魅力だけを聞くのではなく、その人の人生や、企業の場合には事業活動の軌跡の中で、プレイスとどう接し、どのような意味を感じ取っているのかについて深く探っていくことが求められる。しまなみ海道のケースは、ジャイアントが「ここで走ると景色が変化して気持ちいい」と身体的な体験に意味を見出し、ベネッセは、その地を企業理念の体現の場として捉えている。また、ポートランドの場合は、表面的には自然志向で健康的なライフスタイルに意味を見出しているが、その背景には脱資本主義的な思想が見受けられる。このように、身体的な意味から理念的な意味まで幅広いセンス・オブ・プレイスが存在していることが望ましい。

インタビューを実施することで、深いレベルにおけるセンス・オブ・プレイスを言語化していく作業が可能になり、将来においてアクターとなりうる人材との出会いにもつながっていく。

より客観的にセンス・オブ・プレイスを探索するには、5章で取り上げた瀬戸内ブランドに関するテキスト・マイニングによる連想分析が有効である。これにより生活者1人ひとりのプレイスに対する言葉を集め、単語と単語のつながりを統計的に可視化することで、プレイスに対してどのような意味づけをしているのか、またどのような文脈が生まれているのかを解釈することが可能になる。

つまり主観的でありながら、共有されたプレイスに対する意味の広がりを読み解くことができるのである。

本来プレイスは目に見えるもの、見えないものを含め多様な意味空間になっている。以上のようなインタビューや連想調査によって得た意味や文脈を頼りに、実際に現地視察を行うことで、よりリアルにプレイスのもつ意味を感じ取ることができる。センス・オブ・プレイスの探索は、プレイス単位の設定にも重要な示唆を与え、それらを相互に検討することで、仮説としてのプレイスが想定されていくのである。

そして、仮説としてのプレイスが浮かび上がった場合には、「言葉」にしていくことで物語を共有できるきっかけとなることが多い。ただし、多くの都市や街で掲げているような「緑豊かな文化交流都市」などの「言葉」は、複雑な調整の結果、無難にまとめられたものであり、これでブランディングが動き出す可能性はきわめて低い。しかし、逆に文学的なコピーが必要なわけでもない。

南アルプスの事例にあった「水の山」のような多くのアクターたちが各自解釈しながら関わっていける一種の「乗り物」のような言葉の開発や、ポートランドのように、「Farm to Table」「DIY」「メイカーズ」など、親和性の高いキーワードが次々と生まれてくる状況も理想的であるといえる。また、プレイスに込められた想いや理念を、宣言文（ステートメント）のような文章という形式で共有する方法もありうる。いずれにせよ，いい言葉が生まれるかどうかは，プレイスという物語が紡がれていくための重要な役割を担っている。

舞台の設定

どのようにアクターが交わっていくのかがプレイス形成の鍵であり，プレイス・ブランディング・サイクルの核となる部分となる。さまざまな定性的調査を行うことで，どんな人がどのようにプレイスと関わりをもち，問題意識をもっているのか，またどのような人脈を有しているかがみえる。そこでセンス・オブ・プレイスを共有できそうな人々が，重要なアクター候補となる。

同時に，行政のネットワークも重要である。行政は地元とのつながりが深く，信頼度が高い。行政とつながることで，さまざまな人脈の把握や各種団体，NPO，協議会などとつながることができる。そして，それらの人々や団体がどのような取り組みをしようとしているのかがみえてくる。プレイス・ブランディングの場合は，まったく新しいことを生み出すことは難しい。既存の活動や計画とうまく連動させることが重要である。センス・オブ・プレイスを共有することによって，同じ方向を向くようになっていくことが鍵となる。

ただし，既存の活動と連動するだけでは十

分とはいえない。センス・オブ・プレイスを起点にさまざまなアクターたちが出会い、新しい活動が生まれていくことが重要である。各アクターはそれぞれ違う目的をもっている。しかしそれぞれの人生の軌跡の中で、偶発的に出会い何かが生まれていくことがプレイスの契機となっていく。こうした偶然の出会いを誘発する仕掛けをつくっていくことは重要である。

そして舞台は内に閉じたものであってはならない。センス・オブ・プレイスを共有できる外のアクターとの交わりも重要である。トゥアンがいうように、深遠なセンス・オブ・プレイスは、そのプレイスから離れて全体をみることによって得られるものである。また、マッシーのいうように、さまざまな人々の人生の軌跡における交わりの同時性がプレイスなのである（Massey 1993）。内外を含めてさまざまな人々がつながっていく舞台の設定こそが、プレイスを生み出す契機となっていく。

4章のポートランドのケースでみたように、2008年のリーマンショック後に、多くの若者たちが、人間らしい生き方を求めて移住してきた。そこにはそれを受け入れる行政の支援や互いに助け合うコミュニティが存在し、生きていくという試行錯誤の中で、「クラフト」「食」「デザイン」などのライフスタイル産業が生まれていったのである。そのようにさまざまな人生の軌跡の同時代的な交わりによって生み出されるのが、プレイスなのである。

プレイスに参画しうるアクターがみえてきた段階で、社会の中で存在させるには組織化する必要がある。多くのアクターが存在する場合はさまざまな利害が対立し調整が難しいため、少ないメンバーで立ち上げていくことが有効である。プレイス・ブランディングは実践が大切であって、動きやすい組織で始めることに成功の秘訣がある。

組織を立ち上げることで、世の中に発信することになり、その想いやヴィジョンに賛同するアクターも出現するだろう。資金面も含め深く賛同するアクターも存在するし、支援するといったレベルで賛同してくれるアクターも出現する。そのためには、「瀬戸内」や南アルプスの「水の山」プロジェクトにおいて設計されたような、関わりのレベルに沿った緩やかな「メンバーシップ制度」をつくっておくことは、将来の組織の拡大に向けて有効である。

さらにアクターとして企業が関わると、力強い活動が可能になる。企業はこれまで社会的責任を負うことを経営戦略に取り入れたCSRの実行に取り組んできたが、近年、本業を通じて社会の課題を解決させていこうとするCSVへとシフトしてきている。

社会的な課題はさまざまなものがあるが、その中で地域課題は優先順位が高い。そこで地域のもつ課題と、企業のもつビジネス課題をどのようにマッチングできるかが鍵となるだろう。企業によっても、地域との関わり方はさまざまである。自然資源への関わりが高い食品企業から、生産拠点として地域をみる製造業、また地域を消費市場としてみる流通企業、地価を高めたい不動産企業や鉄道会社など、それぞれでさまざまな関わり方がある。

第Ⅱ部の事例で取り上げたように、「水探しが、ものづくりの原点」と捉えるサントリーと白州との出会い、「創業の原点に立ち返る酒造り」を越後の和紙ラベルに込める朝日酒造、「よく生きる」という企業ビジョンの体現の場としての直島とベネッセの出会い、「サイクリング」を通じたしまなみ海道とジャイアントの出会い、「アウトドア」を通じた南アルプスとスノーピークとの出会いなど、企業とプレイスの関係は、所在に関係なく多種多様である。そして活動への協賛を集うだけでなく、企業の経営理念やブランド戦略を深く理解したうえで、プレイスのもつ意味との接点を見出すことができれば、プレイスの創出に大きな影響を与えることができるだろう。

有力なアクターがつながっていくと、民意の高まりに対して行政が支援を検討するようになる。近年は地方創生を中心にさまざまな支援が存在するため、支援内容を十分に理解したうえで資金を調達していかなければならない。行政の求めるＫＰＩと参画するアクターの目的をいかに合致させるのかなど、非常に複雑な調整が必要となる。また、行政支援は短期的であり、同じ事業に対し継続的に支援することはあまりない。したがって、支援をきっかけとして、いかに自走化させていくのかが鍵となる。

以上のような、さまざまな調整や検討を重ねることによって、交わりの舞台が動き出していくのである。

コンテンツの創出

アクターがみえてくると、次の段階ではコンテンツを生み出す過程に入っていく（コンテンツの意味については3章注1参照）。コンテンツとしては、プレイスを構成する物理的要素として「モノ」「コト」「場」「景観」「人」などがあり、具体的なコンテンツの種類としては図8-2のようなものが挙げられる。

「モノ」は、プレイスを伝える最も身近なコンテンツである。南アルプスの「水信玄餅」や「かき氷」、瀬戸内におけるレモンを中心としたさまざまな企業とのコラボ商品、またポートランドにおけるクラフト製品などは、プレイスに経済的効果を生み出し、プレイスの意味を伝える重要な要素になっていく。

「コト」は、ユニークな体験を提供する重要なコンテンツである。しまなみ海道のサイクリングや、南アルプスの「水の山ツアー」「水の山キャンプ」などは、五感を通じた体験によって、参加者のセンス・オブ・プレイ

図8-2　コンテンツの種類

構成要素	具体例
モノ	既存のモノの再編集、コラボ、食、クラフト
コト	イベント、ツアー、マルシェ、体験プログラム
場	シェアスペース、アトリエ、店舗、情報発信拠点、カフェ、リノベーション
景観	シンボルとなる景観、自然景観、人工景観
人	ライフスタイル、生き方、働き方

スを刺激する。また、イベントやマルシェは、単なる一過性のものではなく、人のつながりや出会いを生み出す役割も担うことになる。

「場」は、人のつながりを生み、新しいコンテンツを生み出す重要な舞台装置となる。エースホテルのラウンジは、ポートランドの新しい文化を生み出す媒体の役割を果たしてきたし、ADXもポートランドのアーティザンに創作の場を与えクラフト産業を生み出す装置となった。瀬戸内においても、「ONOMICHI U2」は、サイクリングを中心に、瀬戸内の食からファッションまでを含んだライフスタイルが詰め込まれたショーケースのような役割を担っている。また、こうした場のほとんどは、場所の記憶が感じられるリノ

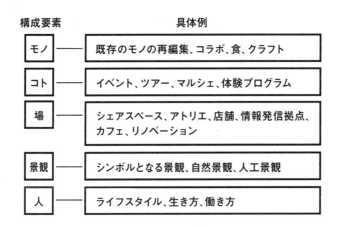

ベーションによってつくられていることも重要な点である。

「景観」は、プレイス・イメージを構成する重要な要素であり、ソーシャル・メディアが発達している現代においてその重要性は高まっている。瀬戸内では「南瓜のアート作品」「亀老山からみる内海風景」「しまなみ海道のサイクリング」「瀬戸内海の多島美」などがあり、自然景観から人工景観まで含め、さまざまな景観によってプレイスのイメージがつくられている。自然景観の場合は既存の景観をどのように切り取っていくか、また人工景観の場合は、プレイスのもつ意味をしっかり掘り下げたうえでつくられる必要がある。

「人」も、プレイスの思想やライフスタイルを伝えるうえでは欠かせない。エースホテル・グループの共同創設者であるアレックス・カルダーウッド（Alex Calderwood）は、彼自身の魅力によって人々が集まり、そこから新しい文化が生まれていった。そして亡くなった今でも、彼の思想やライフスタイルは受け継がれている。このように、活気のあるプレイスにはカリスマ性のあるキャラクターが存在し、プレイスの伝道師がいる。一方で、こうした象徴的な存在だけではなく、ポートランドには、コーヒー、ビール、食などライフスタイル全般にわたってアーティザンやクリエーターが存在する。こうした人々も、ポートランドのセンス・オブ・プレイスを伝える語り部となっている。

以上、多様なコンテンツについて説明してきたが、そのうちのどれか1つだけがつくられたとしてもプレイスは生まれない。「モノ」「コト」「場」「景観」「人」が、「点」ではなくバランスよく融合し、一過性ではなく継続的に生み出されることで「面」として可視化され、人を惹きつけるプレイスへと変化していくのである。

そして、コンテンツは、さまざまなアクターたちの共同作業によって生み出されるため、コンテンツが生まれることによって、新たなアクターとの出会いが生まれ、それがきっかけとなって、さらに新たなコンテンツが生み出されていく。このようにしてプレイスが自走化していくのである。

発信活動

プレイス・ブランディングにおいては、コンテンツの創出と同時に発信が不可欠である。ただし、発信するための予算は常に限られている。そのため、創出されるコンテンツが#（ハッシュタグ）によって、ツイッター、フェイスブック、インスタグラムといったソーシャル・メディアで流通するような絵になるものをめざす必要がある。

ポートランドのクラフトは、当初、広告予算がなく、インスタグラムを用いた「#portlandmade」によるコミュニケーションのみだった。その結果、ユーザーはインスタグラムを通じて、その製品の制作プロセスに関わっている気分になり、自分のためにつくられていると感じ、そこにブランドへの愛着が生まれ、販売の増加につながっていった。このように、「#コミュニケーション」は、ブランドとの「つながりと対話（Connection & Conversation）」を生み出し、愛着をもつようになる。

情報発信の基盤としてのウェブサイトは不可欠であるが、非常にコストと手間のかかる情報ツールである。立ち上げたとしてもその運用の負荷が高いため、極力そのプレイスに根ざしたアクターたちによって運営されていくことが望ましい。またウェブサイトは、発信だけでなくプレイスのファン・サイトにもなり、将来的には寄付や物品の販売なども行われることを想定して設計しておいたほうがいい。プレイス・ブランディングの現場では、「その時に」「その場所で」しか記録できない情報や出来事が多く存在するため、ウェブサイトを運営することは将来の情報アーカイブとしての役割をも担っている。

発信において、どのような視覚的デザインを開発していくかはプレイスのイメージを伝えるうえで重要な要素となる。ただしプレイスの場合、さまざまな形で生み出されるコンテンツのデザインを統一化することは難しい。そこで、汎用性の高いデザインを開発して、さまざまなアクターが活用していける仕組みをつくる必要がある。たとえば、ロゴや汎用フォーマットなどを開発し、アクターがそれを組み合わせることでデザインが完成されるようなDIY的、あるいは民主的なデザインのあり方が求められるだろう。また、デザイナーも地元クリエイターと協業するなど、ローカル色の強い差別化されたデザインが生み出されるようなディレクションが求められる。

エースホテル・グループのライアン・バクスタインは、アトリエエースの創造性の基盤を、「クリエイティブとコミュニティを尊重しながら融合させること」と捉えている。そのために、数々の地元のデザイナー、ミュージシャンといった人たちを基盤として、彼らの声に耳を傾けながら協働作業をしていくというプロセスを大切にする。また、住んでいる人の生活に密着しているデザインでありたいと考えており、その街でいま何が起きているのか、その街でクールなデザインをしているのは誰かということに関心を払う。1人の有名デザイナーの提案するデザインを採用したり、流行だけのデザインを提供するようなデザイナーやクリエイターを起用したりはしないといった方針をとっている。こうしたアトリエエースのデザインに対する態度は、プレイスのデザインを開発していくうえで有益な示唆を与えてくれる。

情報発信基盤のためのウェブサイトとデザインの基本形がつくられると、コンテンツの創出に沿って、最適なメディアを組み合わせて発信する。話題化のための動画やイベン

ATELIER ACE

ト、そしてポスターや冊子のような紙媒体までを効率よく組み合わせることが求められる。同時に、マスメディアやウェブ上のメディアに記事掲載をしてもらえるようなPR活動も行っていく。大切なことは、各コミュニケーション施策が点ではなく、うまく連動することで効果の最大化を図ることである。同時に、プレイスのストーリーに基づく複数のPR文脈を開発して、各メディアの特性に合わせてプロモートし、さまざまな切り口によるメディアへの露出の最大化も狙っていく。プレイスに関わる情報発信は、基本的にPR施策が中心となり、効果の予測が難しいが、予想外に話題になることが起こりうるため、継続的なPR活動が必要とされる。

以上のように、プレイス・ブランディングにおける発信とは、十分な予算があり出稿計画を立てることができる広告キャンペーンとは異なり、広めたくなるような「コンテンツ」、ローカルに根差した活用しやすい「デザイン」、記事にしたくなるような「PR」によって、小さな力が集まり自走的に発信されるように仕掛けていく必要がある。その結果として、さまざまなストーリーが編み込まれた「プレイス名」が重層的に流通されることで、ブランディングされるのである。

KPI

地方創生の声が高まる中、公的資金による支援が拡大し、地域の現場において、KPI

(Key Performance Indicator) の必要性はますます高まっている。これまで「地域ブランド指標」を設定して測定する方法が主流であったが、それらは、一般化された指標によって測定するものであるため、感度が鈍くイメージの変化を把握するのは難しい場合がある。

プレイスとは「分節された意味の空間」であるため、どのような意味があるのかを把握する必要がある。そこで図8-1の「フェーズ(2)」で提示したテキスト・マイニングによるブランド連想分析を時系列で把握することは有効である。どのような言葉が出現しているのか、連想の中心になっている言葉は何か、言葉と言葉をつなぐ文脈は何か、といった点を時系列で比較することで、どのように意味の空間が変容しているのかを可視化することができる。

5章で取り上げた「瀬戸内」の自由連想分析(図5-2)について、2012年から2016年の4年間における変化をみてみると、「きれい-海-穏やか-気候」といった中心文脈は変わらないが、「よくわからない」という文脈はなくなる一方で、「しまなみ海道」が文脈の中心に組み込まれ、「レモン-瀬戸内-食資産-島」といった「レモン」文脈や、「穏やか-島々-魅力」といった「多島美」文脈などが新たに形成されている。こうした連想分析は、プレイスの変化を敏感に読み取り、今後の方向づけに有益なヒントを与えてくれる。

同時に「ブランド指標」についても、一般的な指標だけではなく、プレイスのもつ意味に沿った独自の指標を開発し、中長期的に測定していくことも有効である。こうした指標では、短期では変化しにくいが、長期でみると変化を捉えることができる。調査の予算をなるべく抑えるためにも、最適なサンプル数を設定し、プレイスの意味に関する簡潔な指標とプロジェクトの認知に関する指標を開発し、継続的に測定していく必要がある。

そのほか、プレイス・ブランディングにおいて有効と考えられる指標を挙げてみると、PR活動によってどの程度メディアに露出したのか（露出換算値）、プロジェクトへのアクターの参画数、コンテンツ創出数、地元市民の評価なども数値化しやすいので、把握しておく必要があるだろう。

また、ソーシャル・メディア上におけるプレイスに対する口コミの発生やその文脈を把握したり（ソーシャル・リスニング）、「リーサス」（RESAS; 地域経済分析システム）などを用いて、実際に人がどのように移動してプレイスが形成されているのかといった行動データの把握も可能になっている。そうした調査は今後重要になっていくであろう。

そのほかにも、プレイス・ブランディングの現場においては、「地名をよく聞くようになった」「人が訪れるようになった」「モノが売れるようになった」「イベントに人が集まるようになった」「参加したいという人が増えた」といった小さな実感の積み重ねが重要であり、それがプレイスを生み出す原動力になる。そのため、統計データ等を用いた、過度で形式的なKPI至上主義は避けるべきである。

最後に、プレイスが孵化する期間について述べよう。プレイスとは、さまざまな目的をもったアクターたちの独自の活動が、偶発的につながり合うことで生み出される意味の空間である。したがって、短期的かつ計画的に生まれることは難しい。ましてや何かコンテンツを生み出すとなると、たとえ「食」のようなソフトなものでさえ大変な労力がかかり、「拠点」のようなハードな開発だとさらに長い年月を要するであろう。

そうした時間軸で考えると、少なくとも3～5年はかかるであろう。最初はスモール・スタートしたとしても、徐々にアクターとのつながりを増やし、プレイスの意味を共有しながら、小さな実感ベースの成功体験を積み重ねていく。そのように初期においてじっくり熟成させていくことにより、じわじわとプレイスが孵化し、将来的に自走化していくのである。

8-2. ディレクションとは何か

図8-3　ディレクション・イメージ

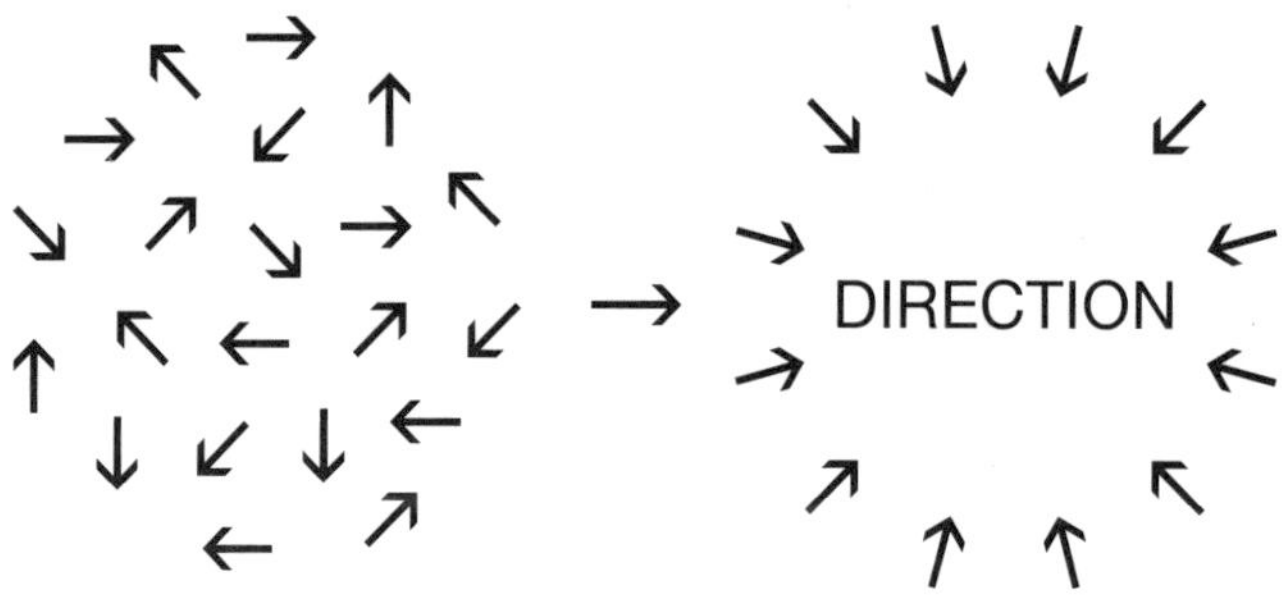

　ここでもう一度、プレイス・ブランディングに求められる「ディレクション」とは何かについて振り返って考えたい。本来「マネジメント」とは、めざすべき目標が明確に設定されており、場合によっては権限委譲もあるが、上からの強い統制力によって、目標に向かって推進されていく。常にPDCAサイクルを回すことによって現状を分析し課題を抽出したうえで、次の実行へとつなぐという継続的な管理システムである。

　一方で、「ディレクション」とは、目標が定まらない中で、ある方向へと物事を動かし、予期せぬ出来事や偶然の出会いに基づく人間関係を取り込みながら物事を推進していくものである（図8-3）。したがって、「まずは、やってみよう！」という実戦の姿勢が求められる。ただし、何事も闇雲に取り入れるのでなく、そこにはある価値観や思想に裏づけられていることが求められる。

クリエイティブ・ディレクターの古川（2015, 2016）がいうには、クリエイティブ・ディレクションにとって重要な仕事は、そのブランドとは「そもそも何のために存在しているのか」「どれだけ皆にとっていいものか」という本質的な価値、あるいは存在理由を定義することだという。それがあることで、世の中とシェア（共有）することが可能となり、「これをやるおかげで、こういういいことがある」という認識が広がり、人々が基本的に支持してくれるようになる。つまり、クリエイティブ・ディレクションとは、「物事をいい方向に変化させる技術」ともいえるのである。

こうした考えは、プレイス・ブランディングの現場においても役に立つだろう。プレイスの場合も、さまざまな思惑の人たちがバラバラの方向をみている中で、その場所の感覚（センス・オブ・プレイス）をシェアしながら、偶発的に起こる物事をいい方向に巻き込んでいく技術が大いに求められるのである。

では、そうした能力をもったディレクターはどのようにして生まれるのだろうか。それはアクターのつながりの中から自然に生まれることが望ましい。しかも複数存在し、互いに得意分野をサポートし合える関係が生じていることが理想的である。そして外部に頼るのではなく、実戦を通じた現場の中で生まれてくるアクターこそが真のディレクターであり、そこには上下のない平等な関係の中で優れたディレクションが生まれるのである。

9

プレイスを求めて

IN SEARCH OF PLACES

9-1. ケースの振り返り

最終章を迎えるにあたり、まず本書で取り上げた4つのケースを振り返り、プレイス・ブランディングにおけるポイントと、そこからみえてくる課題について考えてみよう。

ポートランド

ポートランドでは、若い世代の生き方の見直しが昨今のプレイス・ブランディングの起点となっている。アメリカの大都市に住み先端的な仕事をしていた若い世代は、リーマンショックを契機に自分らしい生き方を求めて、地方都市ポートランドに移住してきた。ポートランドでの生活によって自分を見つめ直し、自分の目の届く規模で起業をしていく。最初は資金やノウハウがないが、足りないスキルをカバーしあいながら、とにかく生きていくために、独自のコンテンツを作り出していった。

そこでつくられたコンテンツは、たとえば、手作りによるオーガニックなものづくりや、人が出会いスキルを共有できる場、昔のものを生かすリノベーションやDIYといったデザイン・スタイル、そしてZINEの出版やレコードを愛するといったアナログ文化など、グローバル資本主義がもたらす消費文化とは対照的なライフスタイルを構成することになった。それらが、ポートランド的ライフスタイルとして、日本をはじめ世界の若い世代や感度の高い編集者の共感を生むことになっていったと考えらえる。

マッシーは、プレイスとは「人生の軌跡の出会いであり、出来事である」という。リーマンショック前後に出会った若い世代の試行錯誤を経て、今のポートランドというプレイスはできている。近年では、ジェントリフィケーションによって地価が高騰し、高層マンションが立ち並び、交通渋滞も引き起こされており、「かつてのポートランドらしい風景は大きく変わってきている」と地元の人々は語り始めている。プレイスとは、移ろいやすいものであり、今をときめくポートランドでさえも、「持続的発展」の分岐点にさしかかってきている。

日本においても一種のポートランド・ブームが起きている。しかしポートランド的ライフスタイルの一要素を、表面的かつ断片的に模倣するだけでは意味がない。価値観が変わってきているアメリカの若者たちの受け皿にポートランドがなったように、地方で働きたいと思う若い層の受け皿として、東京とは違う価値観をもったシンボルとなりうる地方都市の出現が望まれるであろう。

瀬戸内

瀬戸内のケースは、瀬戸内沿岸の広域単位

を対象にした非常に珍しいプレイス・ブランディングの事例である。そのきっかけになったのは、1990年代にベネッセが直島を企業ビジョンの体現の場として位置づけたことにある。また、世界レベルの現代アートを活用した取り組みによって、直島は「現代アートの島」として、国内外から注目を集めるようになっていった。そうした動きに香川県は反応し、2010年に「瀬戸内」という単位を意識した「瀬戸内国際芸術祭」が実施され、国内外から多くの人々を呼び込むことに成功した。「瀬戸内」－「直島」－「アート」という意味が広がる中で、次は台湾の自転車ブランドであるジャイアントが、しまなみ海道における身体的体験に惚れ込み、愛媛県や今治市と連携しながら「サイクリング」という体験コンテンツを作り上げていった。そうした流れに呼応する形で、2014年には自転車で泊まれる宿泊施設であるONOMICHI U2がつくられ、以前からのこの地の課題であった宿泊施設の不足を補いつつ、瀬戸内独自のライフスタイルを可視化したシンボルが生まれていった。

さらにそれと同時期に、2013年には、広島県主導で7県が連携し、瀬戸内をブランド化しようとするプロジェクトが立ち上がり、その活動に内外、大小問わずさまざまな企業や団体が関わっていくことで、瀬戸内の資産を活用した多様なコンテンツが生まれていった。県単位を越えた連携は利害調整が難しいが、ブランド・コンセプトを共有する形で各行政の予算を集結し、力強いPR活動を行っている。さらに2016年には、DMO組織を立ち上げ、瀬戸内ブランドを活用した事業について、融資する仕組みを作り出し、モノだけでなく、新たな体験コンテンツを生み出そうとしている。

1990年代の直島の活動がきっかけとなり、2010年代にかけて、民間企業や行政のそれぞれの想いがうまく交差し、〝パワー・バランス〟を超えた〝パワー・ハーモニー〟によって、「瀬戸内」という広域単位に資本が集中し、情報が拡散されることで、プレイス・ブランドとして存在感を作り出している。ハーヴェイがいうように、「時間–空間」が圧縮していく世界においては、ますます「個性」をもったプレイスに資本が集中化していくのであり、まさに瀬戸内は、この10年から20年の間に、さまざまな資本が組み込まれる受け皿になっていった。

今後、瀬戸内に起こりうる問題とは何であろうか。瀬戸内ブランドの真の意味は、東京にはない価値観をもっていることであり、瀬戸内ブランド・コンセプトにあるように、スローでゆったりとした人間らしい生き方の提案である。多様な資本が集中し、より観光化、商業化が進む中で、テーマパークのような体験を提供する場所になってしまうとすると、この10年から20年の間に培われたセンス・オブ・プレイスは形骸化し、レルフのいう「プレイスレスネス（没場所性）」になりかねない恐れがある。グローバル時代における瀬戸内ブランドの発展のためにも、瀬戸内ブランドに関わるさまざまなアクターたちのセンス・オブ・プレイスが共有され続けていくことが不可欠である。

越　後

基本的に酒造メーカーは、地元の自然資産の恩恵を受け、長い歴史を有しているため、地域社会や文化に溶け込んだ経営を志向する企業が多い。朝日酒造もそうした酒造メーカーの1つである。しかし、「久保田」という新しい基幹ブランドを開発し育成していくプロセスは、いわゆる地域貢献活動を超えている。まさにドラマティックなCSVの理想例であるといえる。

きっかけは、創業の原点に戻る酒造りの象徴として、ラベルを越後の和紙にしようと思いついたことにある。最初はアイディアにすぎなかったかもしれないが、デリケートな楮の栽培から紙漉きという職人技能を要する和紙作りは、マス・プロダクトの生産方法とは対照的であり、そこに生じるさまざまなハードルを乗り超えることで、久保田ブランドの顔となる和紙ラベルが実現されていった。和紙のラベルを貼った久保田は、高品質で個性的なブランド・イメージの形成に成功し売上も好調となり、朝日酒造の経営を支えることになった。

久保田の売上が上がるにつれ、職人の雇用も生み出し、技術が伝承され、衰退の一途を辿っていた越後地方の伝統工芸と地域が再生していったのである。さらに、定期的な発注は、職人たちの収入を確保し、和紙を使った新しい用途の商品開発などの可能性を生み出し、単に存続させるのではなく、新しい和紙文化の創造と育成のきっかけにもなっていった。

プレイス・ブランディングに関わる今後の課題を挙げるとすれば、和紙に関する拠点は点在するものの、まだプレイスの形成には至っていない。そこで、「越後」という単位をさらに意識し、意味づけすることを考えていく必要があるかもしれない。影響力があり、CSV志向の高いアクターの存在は、より豊かな意味の空間を生み出す可能性を秘めている。

南アルプス

当ケースは、南アルプスを舞台に複数の事業者と行政が結びついたものであり、企業とプレイスの関係を考えるうえで非常に有益な事例であるといえる。

南アルプス地方は、3県10市町村にまたがる広域の山岳地帯であり、多様な自然資産を有しているが、その中から、1つの切り口である「水資産」に絞り込んだことが成功のポイントであるといえる。「水」は、環境問題、農作物や食の恵み、アウトドアなどの体験、癒しを感じる水景など、人間の五感を刺激する資産であり、無限のコンテンツやストーリーへと広げることができる。

さらに、ユネスコ・エコパークへの登録を1つの契機として、「水の山」というテーマを設定し、パートナー制度の設計、具体的なコンテンツの創出など、プレイス・ブランディングの基盤を着実に整えてきた。今後の課題としては、アクターの増加によって起こりうる利害対立を乗り越えて、民間事業者へのさらなる浸透、市民や訪問者の水に対する意識や感性の向上、そして水の聖地としての世界への発信などが挙げられる。「水の山」という物語がさまざまなアクターたちによって紡がれ、プレイスとして次のステージへと飛躍していくことが期待される。

9-2. 地域から場所のブランディングへ

私たちは、本書を通じて「プレイス」とは何かについて考え、プレイス・ブランディングのあり方と実際の事例について検討してきた。そして随所で、これからのブランディングにおいては、「地域」ありきの視点ではなく、「プレイス」という視点の大切さを主張してきたつもりである。そこで、最後に、「地域」と「場所」を取り上げて、ブランディングしていくうえでの違いを改めて明らかにすることで、本書を終えたいと思う（図9-1）。

「地域」を視点にブランディングが行われる場合、単位としては、市町村単位から県単位など、基本的に行政単位が中心となる。目標は、明確なアイデンティティを定め、その実現をめざそうとする。アクターは行政や地元の関係者、もしくは行政とつながりをもつ公的組織となる。そうした中で、アイデンティティを定める場合は、アクターを組織化し、定期的な協議会などを通じて議論を積み重ね、さまざまな意見や利害関係のバランスを取り入れながら策定していく。そうして策定された目標に向かって、段階的な取り組み方針が計画される。また、KPIも厳密に測定できるものが選択され、具体的な実施に応じて成果が検証され、目標とするアイデンティティの実現に向けてマネジメントされていく。

これが「地域」を単位としたブランディングの流れであるが、ブランディングの事業はある役所内の特定の部署が担うことが多いため、部門間を横断的にまたいで行うことが難しい。また、アクターが固定的となり、策定されるアイデンティティ像がこれまでの予想の範囲内になりやすい傾向がある。そうしたプロセスの中で生み出されるアイデンティティは、個性化されたものというよりも、調整されたうえでのアイデンティティになり

図9-1 「地域」と「プレイス」のブランディング対比図

対象	地域・Region	場所・Place
概念	客観的 可視化された 地理的空間	主観的 分節された 意味の空間
単位	固定的・閉鎖的 行政単位中心	可変的・開放的 センス・オブ・ プレイス中心
目標	アイデンティティの 固定化	ストーリーの自走化
アクター	行政・政治主導 地元ステークホルダー 公的組織	民間主導・人間主体 民間・市民・行政の連携 CSV志向の企業
行動様式	合議制・利害調整・ 部門調整	共感・共在による参画
管理様式	マネジメント 明確な目標と計画	ディレクション 柔軟な方向付け
KPI	短期的・厳密な指標の設定 客観的な数値による測定	中長期的・緩やかな 指標の設定 意味や実感ベースの測定

やすい。またKPIも厳密に求められ、短期的な成果を生まないと継続が難しいといった状況に陥ることがある。これらの点は、「地域」を視点にブランディングがめざされる場合に起こりうる問題である。

一方で、「プレイス」を視点としてブランディングが行われる場合を考えてみよう。プレイスとは主観的な意味の空間であるため、その単位は可変的であり、センス・オブ・プレイス（場所の感覚）によってさまざまな単位が想定される。そしてアクターは、その意味づけに共感する人たちであり、そうした民間の動きを支援する形で行政は関わっていくことになる。また、接点が生じれば、内外問わずさまざまな企業が関わってくる可能性もある。アクターたちの関係性において強い拘束力はみられず、独立的であり自由度が高い。また目標というよりも、めざす姿が共有され、それぞれのストーリーが自走化し、その結果として意味が紡がれ、プレイスが生み出されていく。アイデンティティをめざし意味を固定化していく活動ではなく、意味をつなぎストーリーを広げていく活動であるといえる。したがって、厳密かつ短期的なKPIではなく、中長期的な視点によるプレイスの意味や実感ベースの成果が求められる。このように、「地域」と「プレイス」では、考え方から行動様式まで異なる点が多い。

日本では、今後ますます東京への集中が進み、地方が消滅してしまうのではないかといわれている。ただし、それは行政を単位とした「地域」視点であり、これからは「プレイス」という視点がもっと重要になってくるのではないかと思われる。プレイスの創造には、国の支援も行政のネットワークも不可欠である。だからこそプレイスという視点を社会全体が取り入れてほしいと考える。

私たちは、本書を通じてプレイスに関する理論と実際の事例の両方をみてきたが、どちらからも感じられるのは、人間とプレイスの豊かな関係性であった。つまり、人はプレイスに意味を見出し、それぞれの人生の軌跡が交差する中で、プレイスが生み出されていくのである。地域創生が叫ばれる今だからこそ、〝星座〟のように輝くプレイスを求めて、日本の多くの場所から「プレイス・ブランディング」という新しい挑戦が始まることを私たちは願っている。

《参考文献》

— 青木幸弘（2004）「地域ブランド構築の視点と枠組み」『商工ジャーナル』30(8), pp. 14-17

— 朝日酒造株式会社（1984）『社内報 真味』創刊号、朝日酒造

— 朝日酒造株式会社（1985）『社内報 真味』8号、朝日酒造

— 朝日酒造株式会社社史編纂委員会編纂（1990）『朝日酒造七十年史』朝日酒造

— 朝日酒造株式会社（2003）『久保田から越州へ――朝日酒造の目指すもの』朝日酒造

— 朝日酒造株式会社（2015）『久保田を超えて』朝日酒造

— 伊藤裕一（2009）「プレイス・ブランディング研究のレビューと今後の課題」『商学研究科紀要』（早稲田大学大学院商学研究科）69, pp. 249-263

— エディトリアル・デパートメント（2015）『ポートランドの小商い』（スペクテイター）vol. 34, 幻冬舎

— 恩蔵直人（1997）「カントリー・オブ・オリジン研究の系譜」『早稲田商学』372, pp. 1-32

— 久保田進彦（2004）「地域ブランドのマネジメント」『流通情報』418, pp. 4-18

— 小林哲（2016）『地域ブランディングの論理――食文化資源を活用した地域多様性の創出』有斐閣

— 柴田弘捷（2012）「銅製錬・アート・産廃処理の町・直島の現在――人口構成・産業構造・雇用環境」『専修大学社会科学研究所月報』（587-588）, pp. 23-54

— 嶋悌司（2007）『酒を語る』新潟日報事業社

— 就実大学経済学部・金澤健吾編（2015）

『文化発信基地としての瀬戸内文化圏の未来』吉備人出版

— ジョンソン、スティーブ（2007）「ポートランド市における市民参加のしくみ」『分権型社会を拓く自治体の試みとNPOの多様な挑戦――地域社会のリーダーたちの実践とその成果』4, pp. 91-106〈http://www.ryukoku.ac.jp/gs_npo/letter/images/letter04_09.pdf（2017. 3. 31最終閲覧日）〉

— 人文地理学会編（2013）『人文地理学事典』丸善出版

— 吹田良平（2010）『グリーンネイバーフッド――米国ポートランドにみる環境先進都市のつくりかたとつかいかた』繊研新聞社

— 陶山計介・妹尾俊之（2006）『大阪ブランド・ルネッサンス――都市再生戦略の試み』ミネルヴァ書房

— 高橋伸夫・小野寺淳・田林明・中川正（1995）『文化地理学入門』東洋書林

— 電通abic project編、和田充夫・菅野佐織・徳山美津恵・長尾雅信・若林宏保（2009）『地域ブランド・マネジメント』有斐閣

— 徳山美津恵・長尾雅信（2013）「地域ブランド構築に向けた地域間連携の可能性と課題――観光圏の検討を通して」『商学論究』60（4）, pp. 261-282

— 土佐楮生産技術調査委員会（2005）『「土佐楮生産技術調査」報告書』高知県手すき和紙協同組合

— 長尾雅信（2017）「和紙原料の流通状況とその諸課題」『新潟大学経済論集』102, pp. 37-49

— 中村剛治郎（2004）『地域政治経済学』有斐閣

— 馬場燃（2014）「人類の7割が都市部に住む未来――ポートランドと富山が映す世界最新の街作り」日経ビジネスオンラ

イン〈http://business.nikkeibp.co.jp/article/report/20140731/269503/（2017. 3. 31最終閲覧日）〉
— 原真志（1995）「地域社会と生活空間の時空間構造化プロセス」『香川大学経済論叢』68（2/3）, pp. 187-209
— 福武總一郎・北川フラム（2016）『直島から瀬戸内国際芸術祭へ——美術が地域を変えた』現代企画室
— 船津衛・浅川達人（2014）『現代コミュニティとは何か——「現代コミュニティの社会学」入門』恒星社厚生閣
— 古川裕也（2015）『すべての仕事はクリエイティブディレクションである。』宣伝会議
— 古川裕也（2016）「『アイデアが必要なときに一番役に立つ技術ということです』電通・古川裕也さんに聞くクリエイティブディレクションの本質」〈https://liginc.co.jp/246775〉LIG inc
— ポーター、M. E. & M. R. クラマー（2011）「経済的価値と社会的価値を同時実現する共通価値の戦略」『DIAMOND ハーバード・ビジネス・レビュー』6月号
— 増田寛也編（2014）『地方消滅——東京一極集中が招く人口急減』中央公論新社
— 松尾容孝（2014）「今日の人文地理学——Tim Cresswellの近業に沿って」『専修人文論集』（専修大学学会）95, pp. 183-206
— 森川洋（2004）『人文地理学の発展——英語圏とドイツ語圏との比較研究』古今書院
— 山中康裕監修（1993）『ユング心理学辞典』創元社
— 吉見俊哉・水内俊雄・大城直樹・多木浩二（1997）「新しい地理学をめぐって——地図の解体、空間のマッピング」『10＋1』No. 11, INAX出版、pp. 64-84

— 若林宏保（2014）「地域ブランドアイデンティティ策定に関する一考察――プレイス論とブランド論の融合を目指して」『マーケティングジャーナル』34（1），pp. 109-126
— Re:labelプロジェクト、ウェブサイト〈http://re-label.jp/index.html（2017. 5. 1最終閲覧日））〉

— Aaker, D. A.（1991）*Managing Brand Equity: Capitalizing on the Value of a Brand Name*, The Free Press.
— Agnew, J. A.（1987）*Place and Politics: The Geographical Mediation of State and Society*, Routledge.
— Anholt, S.（1998）"Nation Brands of the Twenty-First Century," *Journal of Brand Management*, 5（6）, pp. 395-406.
— Anholt, S.（2004）"Nation-Brands and the Value of Provenance," in N. Morgan, A. Pritchard, & R. Pride（eds.）, *Destination Branding: Creating the Unique Destination Proposition*, 2nd ed., Burlington, MA: Elsevier, pp. 26-39.
— Ashworth, G. J. & M. Kavaratzis,（2009）"Beyond the Logo: Brand Management for Cities," *Journal of Brand Management*, 16（8）, pp. 520-531.
— Ashworth, G. J. & H. Voogd（1990）*Sellig the City: Marketing Approaches in Public Sector Urban Planning*, Belhaven Press.
— Banis, D. & H. Shobe（2015）*Portlandness : A Cultural Atlas*, Sasquatch Books.
— Beerli, A. & J. D. Martin（2004）"Factors Influencing Destination

Image," *Annals of Tourism Research*, 31(3), pp. 657-681.

— Berry, J. M., K. E. Portney, & K. Thomson(1993) *The Rebirth of Urban Democracy*, Brookings.

— Blain, C., S. E. Levy, & J. R. B. Ritchie(2005) "Destination Branding: Insights and Practices from Destination Management Organizations," *Journal of Travel Research*, 43(4), pp. 328-338.

— Campelo, A., R. Aitken, M. Thyne & J. Gnoth (2014) "Sense of Place: The Importance for Destination Branding," *Journal of Travel Research*, 53(2), pp. 154-166.

— Cresswell, T.(2004) *Place: A Short Introduction*, Wiley-Blackwell.

— Cresswell, T.(2014) "Place," *The SAGE Handbook of Human Geography*, Sage, pp. 3-21.

— Cresswell, T.(2015) *Geographic Thought A Critical Introduction*, Wiley-Blackwell.

— Dinnie, K.(2004) "Place Branding: Overview of an Emerging Literature," *Place Blanding*, 1(1), pp. 106-110.

— Dinnie, K.(2008) *Nation Branding: Concepts, Issue, Practice*, Routledge.

— Eulenburg, G. F. zu(1864) *Die preussische nach Ost-Asien, nach amtlichen Quellen*, 4 Bde, Berlin.（中井晶夫訳(1969)『オイレンブルク日本遠征記　上』雄松堂書店）

— Gertner, D.(2011) "A (tentative) Meta-Analysis of the 'Place Marketing' and 'Place Branding' Literature," *Journal of Brand Management*, 19(2), pp. 112-131.

— Giddens, A. (1979) *Central Problems in Social Theory*, Macmillan. (友枝敏雄訳 (1989)『社会理論の最前線』ハーベスト社)

— Gnoth, J. (2002) "Leveraging Export Brands through a Tourism Destination Brand," *Journal of Brand Management*, 9 (4), pp. 262-280.

— Hankinson, G. (2001) "Location Branding: A Study of Branding Practices of 12 English Cities," *Journal of Brand Management*, 9 (2), pp. 127-142

— Hankinson, G. (2004) "Relational Network Brands: Towards A Conceptual Model of Place Brands," *Journal of Vacation Marketing*, 10 (2), pp. 109-121.

— Hankinson, G. (2009) "Managing Destination Brands: Establishing a Theoretical Framework," *Journal of Marketing Management*, 25 (1-2), pp. 97-115.

— Hanna, S. & J. Rowley (2008) "An Analysis of Terminology Use in Place Branding," *Place Branding and Public Diplomacy*, 4 (1), pp. 61-75.

— Hanna, S. & J. Rowley (2011) "Towards a Strategic Place Brand-Management Model," *Journal of Marketing Management*, 27 (5/6), pp. 458-476.

— Harvey, D. (1990) *The Condition of Postmodernity: An Enquiry into the Origins of Cultural Change*, Wiley-Blackwell. (吉原直樹監訳・解説 (1999)『ポストモダニティの条件』青木書店)

— Harvey, D. (1993) *From Space to*

Place and Back Again: Reflections of the Condition of Postmodernity, Mapping the Futures: Local Cultures, Global Change, Routledge, pp. 3-29.（加藤茂生訳（1997）「空間から場所へ、そして場所から空間へ——ポストモダニティの条件についての考察」『10+1』No. 11, INAX出版，pp. 85-104）

— Healey, P.（2010）*Making Better Places: The Planning Project in the Twenty-First Century*, Palgrave.

— Heying, C.（2010）*Brew to Bikes: Portland's Artisan Economy*, Ooligan Press.

— Heying, C. H. & S. Marotta（2014）"Portland Made Collective Survey Report 2014," Urban Studies and Planning Faculty Publications and Presentations, Paper 147.

— Heying, C. , S. Marotta & A. Cummings（2016）"Portland Made Collective Survey Report 2015," Urban Studies and Planning Faculty Publications and Presentations, Paper 148.

— Hunt, J. D.（1975）*Image as a Factor in Tourism Development*, Sage.

— Jurjevich, J. R., & G. Schrock（2012）"Is Portland Really the Place Where Young People Go to Retire? Migration Patterns of Portland's Young and College-Educated, 1980-2010," Publications, Reports and Presentations, Paper 18.

— Kavaratzis, M.（2005）"Place Branding: A Review of Trends and Conceptual Models," *Marketing Review*, 5（4）, pp. 329-342.

— Kavaratzis, M. & G. J. Ashworth

(2005) "City Branding: An Effective Assertion of Identity or a Transitory Marketing Trik," *Tijdschrift voor economysche en sociale geografie*, 96(5), pp. 506-514.

— Kavaratzis, M. & M. J. Hatch (2013) "The Dynamics of Place Brands: An Identity-Based Approach to Place Branding Theory," *Marketing Theory*, 13(1), pp. 69-86.

— Keller, K. L. (1993) "Conceptualizing, Measuring, and Managing Customer-Based Brand Equity," *Journal of Marketing*, 57(1), pp. 1-22.

— Keller, K. L. (1998) *Strategic Brand Management: Building, Measuring, and Managing Brand Equity*, Pearson Prentice Hall.

— Kerr, G. (2006) "From Destination Brand to Location Brand," *Journal of Brand Management*, 13(4-5), pp. 276-283.

— Kotler, P. & D. Gertner (2002) "Country as Brand, Product, and Beyond: A Place Marketing and Brand Management Perspective," *Journal of Brand Management*, 9(4), pp. 249-261.

— Kotler, P., D. H. Haider, & I. J. Rein (1993) *Marketig Places: Attracting Investment, Industry, and Tourism to Cities, States, and Nations*, Free Press.

— Lucarelli, A. & P. O. Berg (2011) "City Branding: A State-of-the-Art Review of the Research Domain," *Journal of Place Management*, 4(1), pp. 9-27.

— Lyson, Th. (2004) *Civic Agriculture*,

University Press of New England.（北野収訳（2012）『シビック・アグリカルチャー――食と農を地域にとりもどす』農林統計出版）
— Massey, D.（1993）“Power-Geometry and a Progressive Sense of Place,” *Mapping the Futures: Local Cultures, Global Change*, Routledge, pp. 59-69.（加藤政洋訳（2002）「権力の幾何学と進歩的な場所感覚――グローバル／ローカルな空間の論理」『思想』933, pp. 32-44）
— Massey, D.（2000）*Travelling thoughts, without Guarantees: In Honour of Stuart Holl*, Lawrence and Wishart.
— Massey, D.（2005）*For Space*, Sage.（森正人・伊澤高志訳（2014）『空間のために』月曜社）
— Morgan, N., A. Pritchard, & R. Pride（2002）*Destination Branding: Creating the Unique Destination Proposition*, 2nd ed., Elsevier.
— Perry, M. C.（1856）“Narrative of the Expedition of an American Squadron to the China Seas and Japan,” *The Congress of the United States*.（宮崎壽子監訳（2014）『ペリー提督日本遠征記（上・下）』角川ソフィア文庫）
— Pike, S.（2005）“Tourism Destination Branding Complexity,” *Journal of Product and Brand Management*, 14（4）, pp. 258-259.
— Pike, S.（2016）*Destination Marketing: Essentials*, 2nd ed., Routledge.
— Porter, M. E.（1990）*The Competitive Advantage of Nations*, Free Press.

— Putnam, R. D.（2000）*Bowling Alone: The Collapse and Revival of American Community*, Simon & Schuster.

— Relph, E.（1976）*Place and Placelessness*, Sage.（高野岳彦・石山美也子・阿部隆訳（1991）『場所の現象学――没場所性を越えて』筑摩書房〔ちくま学芸文庫版，1999年〕）

— Schoolar, R. D.（1965）"Product Bias in the Central American Common Market," *Journal of Marketing Research*, 2（4）, pp. 394-397.

— Trueman, M., M. Klemm, & A. Giroud（2004）"Can a City Communicate?: Bradford as a Corporate Brand," *Corporate Communications: An International Journal*, 9（4）, pp. 317-330.

— Tuan, Y. F.（1975）"Place: An Experiential Perspective," *Geographical Review*, 65（2）, pp. 151-165.

— Tuan, Yi-Fu（1977）*Space and Place: The Perspective of Experience*, University of Minnesota Press.（山本浩訳（1998）『空間の経験――身体から都市へ』筑摩書房〔ちくま学芸文庫版，1993年〕）

— Vanolo, A.（2008）"The Image of the Creative City: Some Reflection on Urban Branding in Turin," *Cities*, 25（6）, pp. 370-382.

— Verlegh, P. W. J. & J-B. E. M. Steenkamp（1999）"A Review and Meta-Analysis of Country-of -Origin Research," *Journal of Economic Psychology*, 20（5）, pp. 521-546.

— Wolf-Powers, L., G. Schrock,

M. Doussard, C. Heying, M. Eisenburger, & S. Marotta（2016）"The Maker Economy in Action: Entrepreneurship and Supportive Ecosystems in Chicago, New York and Portland. Portland," Portland State University. 〈https://static1.squarespace.com/static/5812d937be6594b79f6b7c82/t/58177ff3197aea6c5f212446/1477935092051/The+Maker+Economy+in+Action+--+Final+Report.pdfstatic/5812d937be6594b79f6b7c82/t/58177ff3197aea6c5f212446/1477935092051/The+Maker+Economy+in+Action+--+Final+Report.pdf〉

《参考資料》

— 『創造都市ポートランドガイドAnnual 2015』メディアサーフコミュニケーションズ
— 『Naoshima Insight Guide――直島を知る50のキーワード』講談社
— 『瀬戸内スティーレ――瀬戸内という生き方へ』瀬戸内ブランドブック〈https://static.okayama ebooks.jp/actibook_data/20140403_setouchi_brand_pa/_SWF_Window.html（2017. 3. 20最終閲覧日）〉

《参考ウェブサイト》

— 安藤忠雄氏へのインタビュー記事〈http://goethe.nikkei.co.jp/human/120412/05.html　（2017. 3.

20最終閲覧日)〉
— 瀬戸内しま博覧会「瀬戸内しまのわ2014」実行委員会事務局
〈https://www.pref.hiroshima.lg.jp/uploaded/attachment/130801.pdf〉
— 直島町観光協会会長奥田氏へのインタビュー記事
〈https://www.jtb.or.jp/research/theme/inbound/inbound-naoshima-2011（2017. 3. 14最終閲覧日)〉
— 日本特用林産振興会webサイト
〈http://nittokusin.jp/wp/（2018.1.17最終閲覧日)〉
— 福武總一郎氏へのインタビュー記事
〈http://utf.u-tokyo.ac.jp/interview/10.html(2017. 3. 14最終閲覧日)〉
— foodcartsportland ウェブサイト
〈http://www.foodcartsportland.com/(2018. 1. 17最終閲覧日)〉
— Jacobsensaltウェブサイト
〈https://jacobsensalt.com/pages/recipes(2018. 1. 17最終閲覧日)〉
— Re:labelプロジェクトwebサイト
〈http://re-label.jp/index.html(2018. 1. 17最終閲覧日)〉

《写真出所一覧》

— Ace Hotel①
撮影：山本弥生
— Ace Hotel②
撮影：山本弥生
— ADX
撮影：Aaron Lee
— KELLEY ROY
撮影：Josh Doll
— Atelier Ace①
撮影：Atelier Ace Offices, Portland OR. 2017

— Atelier Ace②
撮影：Atelier Ace Offices, Portland OR. 2017
— 亀老山から望む来島海峡大橋
— 草間彌生〝南瓜〟
撮影：安斎重男
— 越後　小国和紙
撮影：ヒロスイ
— 南アルプス①　尾白川渓谷　千ケ淵
撮影：杉田知洋江
— 南アルプス②　尾白川
撮影：杉田知洋江
— 南アルプス③　甲斐駒ケ岳
撮影：杉田知洋江

《ブック・デザイン》
— 上西祐理
— 吉田由梨

《イラスト》
— 藤田翔(FUJITA SHO)

HOTEL

GENERAL
PORTLAND
ADX
OREGON
STORE

ACE

SETOUCHI

あとがき――謝辞に代えて

「また集まって、それぞれの取り組みや考えを共有してみない？」

2015年の春、若林さんから日本にいたabicのメンバーに声がかかった。2009年に『地域ブランド・マネジメント』を上梓した後、プロジェクト・メンバーはそれぞれ現場に散開していた。

日本は東日本大震災の災禍からいまだ癒えず、縮減する経済に手をこまねいている。地方創生という旗が掲げられ、東京五輪というビッグ・イベントとともに、地方浮揚の原動力にしようとする展開も散見される。しかし、その勢いを駆って日本が持続的に発展し続けられるか否か、不安は拭えない。地域ブランディングに関わる近年の研究、実務は一定の有効性を発揮しながらも、綻びも見受けられた。最初のミーティングでは、こんな認識を共有したように思う。

私たちはこの問題を解くために、ブランド論の延長で議論されてきた「地域ブランディング」をあらためて捉えなおすことにした。さまざまな分野をレビューして、私たちがたどり着いたのは、「場所」について知見が蓄積している人文地理学だった。幸いにも同分野を専攻される加藤政洋先生（立命館大学教授）とめぐり逢い、的確なアドヴァイスを受けることができた。その広い海で迷うことなく、異分野の探究を進めることができたのも、加藤先生のお導きがあってこそである。

今回の研究にあたっては、メンバーが関わってきた取り組みを共有し、それぞれを水先案内人として現場へ足を運び、そのブランディングのアクターと対話を重ねた。私たちは彼らとの交流を通じて、そのプレイス・ブランディングの哲学や取り組みは、特定の地域や団体の特異な事象ではなく、広く社会に援用しうるものであるという確信を得た。紙幅の都合から、ケースとしてすべてを収めることはできなかったが、さまざまな場所やそこに根ざす人々から頂いた学びは、ブランディング・サイクルや視点に反映されている。

場所が人々の捉える意味によって輝きを増すのであれば、世界で最も躍動するまちのひとつであるポートランドの調査は欠かせない。おりしも『地域ブランド・マネジメント』の共著者であった菅野佐織先生（駒澤大学教授）が在外研究にて、西海岸のバークレーに滞在されていた。私たちの計画を伝えると、こころよく調査に協力くださり、現地調査にも参加してくださった。また、菅野先生からはアメリカで起こっている多様なムーブメントについて話していただき、今回の研究を深耕することにつながった。

コーネディネーターの山本弥生さんは、菅野先生から紹介いただいた。弥生さんとは、ポートランドを訪問する前から、インターネットを通して議論を重ねた。私たちの調査の意図を十分に汲んでいただいたので、現地で充実した調査をとり行うことができた。4章のコラムで書かれているように、弥生さんはポートランドの事情に明るいだけでなく、日米の経済、文化にも造詣が深い。ヒアリング先へと移動する車中、カフェでの休憩中、一日の調査が終わったレストランにての語らいは、純粋に楽しく、知的興奮に満ちていた。ポートランドでは、よき友をも得られた実り多い調査となった。

本書には私たち以外に多くの作り手が関わっている。アートディレクターの上西祐理さんには、書籍全体のデザインをお願いした。東京ADC賞、CANNES LIONS金賞を受賞され、活躍中の上西さんが関わってくださったことで、本書は読みやすく人々の心に響く内容となった。上西さんとともに、デザイン制作に粘り強く取り組んでくださった吉田由梨さん（株式会社たき工房）にもお礼を申し上げたい。中村祐貴さん（電通マクロミルインサイト）には、瀬戸内のブランド・イメージ調査の解析に協力していただいた。かつて私たちが作成したモデルの精度を高めてくださるとともに、分析過程において瀬戸内のブランド・イメージの変化に関わる気づきをもたらしてくれた。

有斐閣には、前著に引き続き出版の機会を頂いた。書籍編集第二部の柴田守さんの的確なご指摘により、私たちの言葉足らずな点を改善することができた。出版を重ねるごとに無理なお願いをするものの、笑顔と落ち着いた物腰で対応してくださる柴田さんに謝意を表したい。

本研究の基盤となったabic projectは、株式会社電通より多大な支援を頂くことで成り立つことができた。また本研究の一部は、文部科学省科学研究費（課題番号15K17141）ならびに２０１４年度関西大学在外研究による成果である。

このように本書はさまざまな人々とのご縁によって織りなされている。この起点をつくってくださったのが、和田充夫先生（慶應義塾大学名誉教授）である。和田先生は地域ブランドという地平を拓き、２００４年のabic project立ち上げに際しては、私たちに共同研究を呼びかけ、地域へと深く結び付けてくださった。私たちは先の研究プロジェクトで、全国各地への旅路を先生とご一緒させていただく中で、地域に対する厳しくも愛情深いまなざしに研究者としての姿勢を学ばせていただいたことを思い出し、今回も執筆にあたった。

研究の進展と本書の出版にお力添えいただいたすべての人々に心から感謝と敬意を表

し、本書がプレイス・ブランディングに関わる多くのアクターにとって支えや糧となることを願い、私たちは引き続き現場へと向かうこととする。

著者を代表して
２０１８年１月
長尾雅信

た・な 行

は 行

さ　行

INDEX 索引

PLACE BRANDING

プレイス・ブランディング：“地域”から“場所”のブランディングへ

2018年4月30日　初版第1刷発行

編　者　電通abic project
著　者　若林宏保 / 徳山美津恵 / 長尾雅信
発行者　江草貞治
発行所　株式会社 有斐閣
郵便番号　101-0051　東京都千代田区神田神保町2-17
電話　(03) 3264-1315 [編集]　(03) 3265-6811 [営業]
URL　http://www.yuhikaku.co.jp/

印　刷　株式会社理想社
製　本　牧製本印刷株式会社

Printed in Japan　落丁・乱丁本はお取替えいたします。ISBN 978-4-641-16508-3